박준희의
관악정情담

자치행정의 길을 찾다

박준희의
관악정情담

박준희 지음

모아북스
MOABOOKS

●

이 해 찬 국회의원, 전 국무총리

민생정치의 최일선에서 자치행정의 길을 찾기 위해 치열하게 고민한 흔적과 성찰이 그대로 녹아 있는 느낌입니다.《관악정담》은 정치는 사람을 통제하는 수단이 아니라 사람과 사람과의 정(情)을 엮어가는 과정이라는 박준희 위원장의 정치철학이 담겨 있습니다.

●

유 종 필 관악구청장

박준희 의원은 '정치는 사람 사이의 정(情)' 이라고 말합니다. 관악을 위해 울고 웃고, 때론 싸우며 관악구와 함께 박 의원에게 박수를 보냅니다.

《관악정담》을 통해 그가 들려주는 관악의 정다운 이야기가 독자 모두에게 따스한 정으로 스며들기를 바랍니다.

박 원 순 서울특별시장

이 책에는, 풀뿌리로부터 국가의 힘을 키우고 시민의 삶을 재건하고자 불철주야 노력해 오셨던 위원장님의 소중한 경험과 귀한 철학이 담겨있습니다. 앞으로도 진정한 자치행정의 실현을 통해 더 좋은 관악, 더 좋은 서울을 만드는 일에 함께 해주시길 기대합니다.

정 태 호 청와대 정책기획비서관, 전 국회의원

지역발전을 위해 풀뿌리 민생 현장에서 불철주야 뛰어다니신 박준희 위원장의 땀과 애정이 글 곳곳에서 묻어납니다.

《관악정담》에 담긴 16년의 의정활동 경험을 살려 박 의원이 꿈꾸는 세상을 실현하기 위해 더욱 정진하시리라 믿습니다.

유기홍 전 국회의원

이 책을 읽다보니 지난 30여 년간, 51만 관악구민과 함께 동고동락하면서 주민의 한마디 한마디에 귀를 기울이고 골목골목을 누비며 민원해결사 역할을 해온 박준희 위원장의 모습이 눈에 선합니다. 앞으로의 30년도 살기 좋은 관악구를 만들기 위해 힘차게 뛰어주실 것을 기대합니다.

'정치란 무엇일까?' 나는 오랫동안 이 질문을 붙잡고 살았다. 정치라는 용어는 학자마다 견해가 다양하여 한마디로 정의하기는 어렵지만, 내가 생각하는 정치는 인간의 생활에서 발생되는 이해관계의 대립이나 의견 차이를 조정해나가는 모든 통제의 작용을 포함하는 것이다.

결국 정치는 사람이 하는 것이고, 사람을 위해 하는 것이고, 사람을 보고 하는 것이다. 이러한 사람들의 관계는 대부분 인정, 사정, 온정 등 다양한 정(情)이 연루되어 있기에 정치는 사람을 통제하는 수단이 아닌 사람과 사람과의 정(情)을 엮어가는 과정이라고 생각한다. 《관악정(情)담》은 이러한 나의 생각을 고스란히 담은 것이다.

사람들의 삶의 모습은 다양하다. 같은 공간에 살면서도 풍족한 혜택을 받는 사람들이 있는가 하면, 또 다른 한편에는 소외되고 고통 받는 사람들이 있다. 내가 정치를 하고 싶고, 해야 하는 이유는 이렇게 소외되고 고통 받는 사람들이 조금이나마 더 나은 환경에서 살아갈 수 있도록 도움이 되고 싶어서였다. 그간의 의정활동 보고를 통해 매년 나의 행적은 돌아볼 수 있었지만, 나의 초심을 돌아 볼 기회는 거의 없었던 것 같다. 《관악정(情)담》은 그런 의미에서 나를 돌아보고 앞으로 가야 할 방향을 점검하는 이정표이기도 하다.

　나는 전남 완도에서 태어나 초·중·고등학교를 완도에서 다녔고, 대학을 서울로 진학하면서 방값이 싼 곳을 찾아다니다 봉천동 102번지에 정착하면서 관악과의 인연이 시작되었다. 대학 졸업 후 김대중 선생님을 대통령으로 만드는 데 힘을 보태고자 1987년 평민당에 입당하면서 정치에 입문했고, 정치활동도 바로 이곳 관악에서 시작했다. 때문에 내 인생에 의미 있는 시작을 하고, 인생의 2/3를 보낸 관악구를 위해 일한 다는 것이 나에게는 너무도 자연스러운 일인 동시에 굉장한 책임감을 가져야 하는 일이기도 했다. 특히 봉천동의 노후주택을 주거환경 개선이라는 이름으로 철거하고 재개발을 할 당시 철거민들과 함께 했던 고민들은 내가 정치인으로 살아가는 데 두고두고 나를 채찍질하는 기억으로 남아 있다.

　나는 구의원, 시의원 합쳐 16년간의 의정활동을 했다. 구의원으로 8년간의 의동활동이 관악구를 더욱 상세하게 파악할 수 있는 기회였다면 시의원으로서의 8년은 서울특별시 속에서 관악구를 들여다볼 수 있는 귀중한 기간이었다. 관악구는 남부순환도로가 만나는 사거리를 중심으로 그 도로 연변에 형성된 상가와 주택지의 시장을 제외하면 거의 전역이 주택지이기 때문에 일부 섬유제조업을 제외하면 별다른 산업이 없다. 이런 환경 때문에 관악구는 오랜 시간 낙후된 베드타운으로 인구밀도가 높고, 생활환경이 열악한 곳이라고 인식되어왔다. 나는 30여 년간 줄곧 이 곳에서 주민들과 동고동락하며 살기 좋은 관악구를 만들기 위해 노력해 왔다.

관악구에는 서울을 대표하는 관악산과 함께 대한민국을 대표하는 최고의 대학 서울대학교가 자리 잡고 있다. 좋은 자연환경과 좋은 인적자원을 같이 가지고 있는 것이다. 그런데도 관악구는 못사는 동네, 불편한 동네라는 이미지를 벗지 못하는 것이 안타깝고 시의원으로서 책임을 다하지 못하는 것 같아 마음이 무겁다.

서울대학교 일대와 신림동 고시촌은 관악구의 재원들이 모여 사는 곳이다. 나는 단지 이들이 관악구를 거쳐 가는 것이 아니라 관악구에서 뿌리내릴 수 있는 토양을 만들어가고 싶다. 그리고 관악산이라는 천혜의 자연환경을 기반으로 주민이 건강하고 쾌적한 생활을 누리게 하고 싶다.

내가 꿈꾸는 세상은 편안하고 안전하게 아이를 낳아 키우고, 청년들이 맘껏 세상에 도전하며, 열심히 살아온 어르신들이 외롭지 않고 건강하게 살아갈 수 있는 그런 곳이다. 이런 세상을 실현하기 위해 노력해 온 16년간의 흔적을 《관악정(情)담》에 담아 보았다. 생각하기, 돌아보기가 끝나면 관악 여러분과 동고동락해 온 나 박준희는 다시 관악구의 발전을 위해 뛸 준비를 시작할 것이다.

박 준 희

차 례

1장

관악, 내 운명의 세레나데

    사전적 의미의 정치(政治)는 '통치자나 정치가가 사회 구성원들의 다양한 이해관계를 조정하거나 통제하고 국가의 정책과 목적을 실현시키는 일'이지만 세상의 이치와 민심을 하나로 통일하기란 결코 간단하지 않다. 모든 정치적 문제들은 수학처럼 공식으로 풀어낼 수 있는 것도, 특수한 물리법칙이 있는 것도, 화학반응처럼 전혀 새로운 조합으로 정답을 창조할 수 있는 것도 아니다.

    매사 복잡다단한 정치는 결국 자기 스스로를 다스리는 것부터 출발한다. 자기를 올바르게 다스린 이후 사람이 사람을, 보통 사람이 보통 사람을, 좁은 문에서 대문으로, 좁은 길에서 큰 길로 안내하는 것이 정치라고 나는 생각한다.

'박준희' 라는 이름으로 관악구 의원에서 서울시 의원까지의 삶은 결코 짧은 노정이 아니었다. 서울에는 모두 25개의 자치구가 있지만 나는 운명처럼 관악구민이 되었다. '새파랗게 젊었던' 날 현대 정치사의 큰 별이자 내 인생의 교본이신 고(故) 김대중 대통령의 오직 민주주의와 약자를 위한 격동의 정치역정을 먼발치에서나마 함께하게 되면서 유독 관악이, 관악산의 푸르름이 젊어서 싱싱했던 내 눈과 가슴을 첫눈에 치고 들어왔던 것이다.

솔직히 정치 그 자체는 그리 특별한 사람의 특별한 직업이 아니다. 오히려 극히 평범해야 정치를 잘 할 수 있다는 것이 나의 소신이다. 평범함이란 정직과 신의를 가지고 잔꾀를 부리지 않는 것이다. 흔히들 '정치를 잘 한다' 는 것을 놓고 덧셈, 뺄셈, 곱셈, 나누기의 꼼수에 능수능란한 것으로 해석을 하는데 그건 정치의 하나만 알고 둘은 모르는 탓이다.

나는 동아시아 해상무역을 휘어잡았던 장보고의 근거지였던 완도에서 태어나 유년 시절을 보냈고, 청년이 되어 대한민국 수도 서울로 상경했다. 그리고 유권자들께서 진실한 일꾼을 알아보는 혜안을 가진 지혜로운 관악에 첫발을 내딛는 행운과 복으로 유쾌한 16년의 정치 궤도를 밟을 수 있었다.

물론, 항상 그랬다는 것은 아니다. 서울시 25개 구 중에서 관악구는 살림살이나 행정력, 사회기반시설에서 아직 중심에 서지 못했다. 제2의 고향이나 다름없는 관악을 서울의 중심으로 끌어올리기 위한 오랜 의정활동 중에 눈물은 왜 없었겠으며 한탄과 아쉬움이 왜 없었겠는가? 그때마다 역량의 부족을 질책하며 자문했다.

"박준희, 너는 왜 이 일을 하고 있는가? 누구를 위해 이 일을 하고 있는가?

이것으로 당신은 무엇을 얻으려 하는 것인가? 더 좋은 곳을 찾아 관악을 떠나는 사람들은 왜 떠나는가?"

명쾌한 한 방의 답을 찾기란 쉽지 않았다. 다양한 입장의 사람들이 복잡한 이해관계로 얽혀 모여 사는 도시의 정책은 거의 예외 없이 누구에게는 혜택이지만, 또 다른 이에게는 불편함과 불이익으로 충돌했기 때문이다. 도대체 앞이 안 보일 때면 나는 나에게 주문을 걸었다.

"나를 뽑아주신 주민 분들만 보고 가자. 어쨌든 나보고 답을 찾으라고 뽑아주신 것 아니겠는가. 기어이 답을 찾아내는 것이야말로 관악이 내게 준 사명이다. 내가 현답을 찾아내면 주민들이 얼마나 기뻐하시겠는가. 찾아보자. 답 없는 질문은 없으니까!"

고민하며 이리저리 찾다보면 결국 해답은 늘 있었다. 비결은 단순했다. 의정활동을 금전과 플러스 알파의 대가를 위한 직업인(직장)으로 인식한다면 4년 동안 '꾼'이 되어 정치를 사적 이익의 도구로 생각하기 십상이다. 그리 되면 유권자의 희망과 불편이 눈에 들어올 리 없다. 그러니 단 서 푼이라도 대가를 바라는 어떤 마음도 버리는 것이었다. 철저하게 유권자의 행복, 관악의 발전에서 나의 보람과 기쁨을 찾는 것이었다.

(이것은 쉬운 일 같지만 절대로 쉬운 일이 아니다.)

힘들 때마다 스스로의 질문과 다짐은 늘 나를 더욱 단단하게 무장시켰다. 관악 곳곳에 존재하는 어려움과 삶의 현장으로 나를 내몰았다. 단련된 걸음걸이와 눈높이로 가가호호 찾아가 직접 느끼고, 깨닫는 방법을 택했다. 나는 51만의 관악인을 위해 하루 24시간, 1년 365일 뛰는 철인 3종 선수로 거듭났다.

• 박준희의 관악정情담

유권자의 욕구를 최대한 충족시키는 정책의 리더는 무엇보다 앞을 내다볼 수 있는 혜안을 가져야 한다. 정치적 생명과 직결되는 당장의 위협 앞에서도 자신이 약속한 것이라면 목숨을 걸고 지켜야 한다. 그것이 뽑아주신 유권자에 대한 진정한 충성이며, 스스로에게 부끄럽지 않은 신의의 징표다. 지난 20여 년 동안 기초의원에서부터 광역의원에 이르는 동안 정치의 한복판에서 숱한 낙오와 변칙과 권모술수에 휘말려야 했다. 그럴 때도 나는 관악의 명예에 누가 되지 않도록 정도(正道)를 걸으려 최선을 다했다고 감히 자부한다.

또한, 정치는 모두가 함께 해야 한다. 함께 하지 않은 정치는 진보할 수 없는 고물이다. 정치 생명은 살아있는 생물처럼 매우 현실적이다. 정직하지 않으면 결코 미래가 보장되지 않는다. 나아가, 정치는 높고 낮음이 없도록 다양한 목소리를 담아야 한다. 특히 실천적인 정치가 실행되려면 분명하게 미래지향적인 가이드라인을 제시해야 한다.

나는 정치적으로 옳고 그름의 기준이 낡고 썩은 정치에 함몰되어 허구, 허수, 헛구호만 남발하는 경우를 많이 보았다. 이 때문에 피로함과 피해를 입은 많은 유권자들이 염증을 느껴 정치를 외면하는 것도 보았다. 20여 년 세월 동안 관악구의원과 서울시의원으로 활동하면서 가장 가슴 아팠던 점이다. 언제나 내가 초심을 굳게 지켜야 할 이유다. 관악산의 우뚝한 정기처럼 반듯하게 뛰어야 할 이유다.

쉼 없이 달려왔던 지난 20여 년처럼 나는 앞으로도 열심히 달릴 것이다. 관악의 아들로서, 고향이나 다름없는 관악의 주민으로서 관악을 위해 내가 해야만 할 일, 할 수 있는 일, 하고 싶은 일을 묵묵히 해나갈 것이다. 내가 평소 꿈꾼 대로 '사람이 먼저다'라는 화두가 행복한 관악의 상징으로 우뚝 서도록 남은 힘을 여한 없이 다 쏟아부을 것이다.

관악구는 2018년이 또 하나의 새로운 출발점이 될 것으로 확신한다. 관악구를 서울의 변방, 강남의 변방이 아닌 중심으로 솟아오르게 할 것이다. 그 여정이 힘들고 길더라도 멈추지 않을 것이다. 뒤따라오는 관악의 후진들을 위하여 반듯하게 길을 닦으며 나가는 것에 나의 모든 것을 던져야 하리!

그러기 위해 명심해야 할 것은 내가 갈등이나 분열의 원인이 되지 않아야 할 것이다. 이익단체나 영향력 있는 특정인의 입장만을 대변하는 도구가 되지 않아야 한다. 모두를 위한, 고르고 균형 잡힌 주춧돌을 지향하는 일이다. 삶의 질을 높여주는

디딤돌이 되는 일이다. 거울을 보고 선 나에게, 선산의 조상님에게, 51만 관악인들에게 한 점 부끄럽지 않게 남는 일이다.

이것이야말로 내가 진짜로 꿈꾸는 나의 모습이다. '박준희'는 목숨을 걸고 이 모습을 지킬 것이다. 그 약속을 감히 여기에 문자로 적어둔다.

"관악은 나에게 지금까지
감당하기 어려운 행운과 복을 가져
다주었다.
나는 그것에 제대로 보답해야 한다.
나는 오직 관악인의 행복을 위하여,
서울과 강남의 중심으로
우뚝 서는 관악을 만들기
위해 정직, 신의, 솔선수범으로
나의 모든 것을 던질 것이다!"

2장

무엇보다 사람이 먼저다

"저는 대선 슬로건을 '사람이 먼저다'로 정했습니다.
이념보다, 성공보다, 권력보다, 개발보다, 성장보다, 집안보다, 학
력보다, 사람이 먼저인 세상을 만들어보자는 거죠.
가슴이 뛰지 않습니까? 슬로건이 우리를 이끌고 시대를 이끌 것
같은 예감이 듭니다."

이것은 트윗 초보인 문재인 대통령 후보자가 당신의 트윗에
올린 글이다. 예감대로 그는 대통령이 되었다.

나는 '사람이 먼저다'라는 이 말이 참 좋다. 지금 한국 사회
에서 절실한 것이 무엇인지 아주 정확하게 꿰뚫고 있는 말이

기 때문이다. 이념보다, 성공보다, 권력보다, 개발보다, 성장보다, 집안보다, 학력보다, 사람이 먼저였다면 금수저와 흑수저의 비유도 프랜차이즈 갑질 사건도 없었을 것이다. 최근에 발생한 우리 사회의 모든 끔찍한 일들은 대부분 사람이 먼저가 아니었기에 일어났다고 해도 과언이 아닐 만큼 우리는 사람에 대한 배려와 사랑이 없는 삶을 살아가고 있다.

내가 의정활동을 해온 관악구나 서울시 역시 모두 사람 중심의 행정을 우선 가치로 내세우고 있지만, 실제로는 사람보다는 법이 우선인 경우가 많았다. 이러한 법에 맞서 사람이 먼저인 세상을 만들어보고자 노력했던 내 모습을 기억해 보았다.

서울시 유일의 집단이주 정착용 체비지 문제 해결에 발 벗고 나서다

우리 관악구 내에는 서울시에서 유일한 집단이주 정착용 체비지가 단독점유 61필지, 공동점유 116필지가 남아 있다.

이 체비지는 지난 1970년대 여의도 국회 건립과 남부순환로 관악구 구간 조성 과정에서 공사 구간에 살던 주민들을 집단으로 이주시키기 위해 확보한 시유지를 가리킨다.

관악구 집단이주 정착용 체비지 현황

체비지 사용료 부과는 지난 2002년으로 거슬러 올라간다. 관악구는 당시 서울시로부터 부과 권한을 받았지만, 대다수 주민의 형편을 고려하는 등의 사유로 사용료를 부과하지 않고 있었다. 그러나 체비지 지역이 재개발 · 재건축 등에 포함되어 민간에 매각하는 과정에서 2012년 불가피하게 변상금이 부과되었다. 관악구 내 집단이주 정착용 체비지 점유자는 687명(현 점유 543명, 전 점유 144명)이며, 5년치 변상금액은 약 65억 원에 달했다. 어찌됐든 10년 넘도록 부과하지 않았던 체비지 사용료를 단 한 차례의 주민설명회와 서면 통보만으로 부과하려 했던 행정 절차를 지적하지 않을 수 없다. 하루하루 어렵게 살아가는 분들에게 하루아침에 1천만 원을 납부하는 것도 무리였지만, 분납할 경우 연 6%의 이자, 연체했을 경우에는 무려 15%의 이자 부과는 삶의 의욕을 상실하게 했다. 물론 이것은 서울시의 체비지 사용료 부과 관련 조례에 규정된 이율이지만, 사전 예고도 없이 하루 아침에 빚더미에 나앉게 된 주민들 입장에서는 당연히 반발할 수밖에 없는 상황이었다.

나는 관악구 동료의원인 이행자 의원과 함께 「서울특별시 도시개발 체비지 관리조례 일부개정조례안」을 공동 발의했다. 주거용 체비지 대부요율을 기존 2%에서 1%로 낮추고 변상금 부과 시기도 회계연도별 부과, 즉 1년에 한 차례 부과 징수하는 것에서 체비지 매각 시 부과하는 것으로 개정하는 내용이었다. 조례대로만 된다면, 이 땅이 개발되지 않을 경우에는 주민들에게 변상금이 부과되지 않는다. 하지만 서울시가 변상금을 체비지 매각 시 부과할 수 있도록 하는 것은 상위법이 정한 1년 단위 부과 원칙에 위배된다며 재의를 요구했고, 결국 이 문제는 대법원 판결까지 가게 되었다. 결국 지난 2015년 대법원은 서울시의 청구를 받아들여 재의결된 조례안의 효력이 무효임을 확정했다.체비지에는 주로 노약자, 기초생활수급권자 등 사회적 약자들이 거주하고 있다. 서울시는 시의회 조례 개정 요구에 다른 대안을 모색하기는커녕 법과 규정만을 내세웠고 관악구 역시 행정편의적인 대처만을 했다.

적어도 관악구가 주민들의 삶의 터전을 돌아보고 어려운 현실들을 감안하여 행정 절차를 진행했다면, 이렇게까지 문제가 커지지는 않았을 것이다. 이러한 법의 논리, 행정의 논리는 체

비지에서 살아온 거주자들을 희망 없는 삶으로 내몰고 말았
다. 대통령 후보자가 대통령으로 당선된 순간, 나는 다시 한번
'사람이 먼저인 세상'을 외쳐보았다.

노인이 행복한 세상

일반적으로는 연령에 따라서 노인을 규정하고 있는데, 우리
나라에서는 60세 이상을 회갑년으로 하는 전통이 있으나 「생
활보호법」(1961)과 「노인복지법」(1993)에서는 65세를 노인으로
규정하고 있다.

최근에 발생하는 노인 문제를 보고 있노라면 평균수명 연장
에 따른 고령화는 인류에게 축복만을 안겨준다고 말하기는 어
려울 것 같다. 사회가 급속한 산업화를 거치면서 인간 경시 풍
조, 물질만능주의, 핵가족주의가 확산되면서 노인들은 가정과
사회에서의 역할 상실, 빈곤, 소외 등에 직면하게 되었고 노인
문제는 새로운 사회문제로 대두되었다. 그러나 노인문제는 단
순한 개인의 문제가 아니라 사회 구조의 변화 속에서 나타나
는 사회문제임에도 불구하고 최근까지도 노인문제를 가족 내
의 사적인 문제로 치부하여 소극적 태도를 취해 온 것이 사실
이다. 노인 증가와 더불어 홀로 사는 독거 노인의 비율도 점차
높아지고 있다. 서울시 자료에 따르면 2016년 말 기준 65세 이

상 노인 수는 130만 877명으로 이중 독거 노인 비율은 무려 22.2%에 달하고 있다. 거의 4명 중 한명의 노인이 홀로 생활하고 있다는 말이다. 특히, 독거 노인 중 약 23% 해당하는 노인들이 당장 생계가 어려운 처지에 처해 있는 등 심각한 사회문제가 되고 있다. 우리 관악구를 보더라도 독거 노인 수는 노원구 1만 7,944명, 은평구 1만 6,628명에 이어 1만 5,655명으로 서울시에서 세 번째로 많다. 지역에서 어렵게 홀로 사시는 어르신을 마주할 때면 마음 한켠이 아려온다.

혼자 힘으로 일상생활이 어려운 독거노인에게 안전 확인, 생활교육, 서비스 연계 등을 지원하는 사회복지 시스템은 매우 중요하다. 그러나 서울시의 노인돌봄서비스 대상자 수는 총 2만 4천여 명으로 집계됐는데 이는 전체 독거노인 수의 8.7 퍼센트에 불과한 것이다. 이렇듯 서울시의 독거노인 수는 지속적으로 증가하고 있지만 이에 대한 서울시의 대책 마련은 상대적으로 부족한 수준이라 할 수 있다.

혼자 힘으로 일상생활이 어려운 독거 노인에게 안전 확인, 생활교육, 서비스 연계 등을 지원하는 사회복지 시스템은 매우 중요하다. 그러나 서울시의 노인돌봄서비스 대상자 수는 총 2만 4천여 명으로 집계됐는데 이는 전체 독거 노인 수의 8.7%에 불과한 것이다. 이렇듯 서울시의 독거 노인 수는 지속적으로 증가하고 있지만 이에 대한 서울시의 대책 마련은 상

서울시 독거노인 현황

구 분		65세 이상 노인(A)	독거 노인(B)			독거 노인 비율(B/A)
			계	남성	여성	
합계	2012	1,110,995	238,551	84,199	154,352	21.5
	2013	1,167,177	253,302	76,353	176,949	21.7
	2014	1,221,616	273,190	83,383	189,807	22.4
	2015	1,267,563	281,068	88,549	192,519	22.2
	2016	1,300,877	288,599	93,763	194,836	22.2
종 로		25,091	7,074	2,811	4,263	28.2
중 구		20,606	5,528	1,981	3,547	26.8
용 산		35,915	8,520	2,632	5,888	23.7
성 동		39,262	9,025	6,703	2,322	23.0
광 진		41,441	8,860	2,722	6,138	21.4
동대문		53,460	12,570	4,204	8,366	23.5
중 랑		55,914	14,184	4,572	9,612	25.4
성 북		64,015	13,643	3,974	9,669	21.3
강 북		54,053	13,760	4,234	9,526	25.5
도 봉		50,510	10,601	3,162	7,439	21.0
노 원		70,887	17,944	4,555	13,389	25.3
은 평		71,457	16,628	5,176	11,452	23.3
서대문		47,653	10,482	2,920	7,562	22.0
마 포		48,303	10,268	2,779	7,489	21.3
양 천		52,063	10,178	2,983	7,195	19.5
강 서		71,062	15,548	5,106	10,442	21.9
구 로		55,705	11,732	3,938	7,794	21.1
금 천		32,279	8,070	2,771	5,299	25.0
영등포		51,844	13,239	4,625	8,614	25.5
동 작		55,231	11,751	3,630	8,121	21.3
관 악		**66,952**	**15,655**	**5,052**	**10,603**	**23.4**
서 초		50,984	8,811	2,765	6,046	17.3
강 남		61,931	11,218	3,170	8,048	18.1
송 파		71,064	12,081	3,590	8,491	17.0
강 동		53,195	11,229	3,708	7,521	21.1

출처 : 서울특별시 어르신복지과

대적으로 부족한 수준이라 할 수 있다. 서울시에서는 독거 노인 중 심신이 허약하거나 장애가 있는 노인 등 일정한 요건에 해당되는 노인에 대해서는 장기요양요원(요양보호사)이 가정을 방문하여 신체활동 및 가사활동 등 필요한 각종 서비스를 제공하고 있다고는 하지만, 노인 복지의 전반적인 사항을 규정하고 있는 「서울특별시 고령친화도시 구현을 위한 노인복지 기본조례」에는 독거 노인에 대한 지원 대책이 명확히 규정되어 있지 않았다. 특히, 잇따른 독거 노인의 사망이 사회적 문제가 되었고 폭염 및 한파 등으로 인해 독거 노인의 건강이 위협받고 있는 점에서 독거 노인에 대한 요양서비스 등의 서비스와 안전확인 등의 보호조치는 절실하다 못해 절박한 상황이라고 판단했다.

나는 이러한 사항을 「서울특별시 고령친화도시 구현을 위한 노인복지 기본조례」에 시장의 책무로 명확히 규정함으로써 독거 노인에 대한 관심과 지원을 확대하고 싶었다. 인간이 늙는다는 것은 생의 과정으로 노후에 대한 불확실성과 불안감은 누구나 가지고 있을 것이다. 그렇기 때문에 노인문제는 결국 우리 부모의 문제, 우리의 문제가 될 수 있을 것이다. 이 문제를 해결하기 위해서는 제도개선, 예산확보가 필수적인 것이지만, 사실은 많은 사람들이 '사람이 먼저다'라는 생각을 공유할 수 있다면 한평생을 고단하게 살아오신 어르신들이 소외되지 않고 존경받는 사회, 그들과 더불어 사는 사회는 가능하지 않을까? 생각된다.

"사람이 먼저다!"
"참 듣기 좋은 말이다. 그러나
법보다 사람이 먼저가 되는 행정은
말 그대로 쉽지 않은 일일 것이다.
사람이 우선되는 사회,
약자를 배려하는 사회를
만들기 위해서는
단순히 법의 논리,
행정의 논리로만
접근해서는 안 될 것이다."

3장

맑은 물이 흐르는 도시, 관악을 그리며

땅속에 묻힌 관악산 물줄기

서울시와 경기도의 남쪽 경계에는 관악산이 있으며, 관악산의 수려한 경관과 생태적인 가치는 이루 말할 수 없다. 관악산의 수려한 산림과 관악산에서 발원한 물줄기는 관악구를 살기 좋은 동네로 만들어주는 하늘이 주신 은혜로운 자연환경이다.

특히 관악산에서 발원한 봉천천(관악산~도림천 합수부)과 도림천(관악산~안양천 합수부)은 서쪽으로 흘러 안양천으로 합류하고 안양천은 한강으로 연결되는 네트워크를 형성하고 있어 관악구를 숲과 물의 도시로 만들었다.

그러나 1970년대 초 서울시는 서민의 주택난을 해결하기 위해 관악구의 외곽지역에 주택지를 조성하였으며, 이때 조성된 주택 건설로 인해 외곽지역에는 급격한 인구 증가가 있었다. 한강 이남지역의 동서를 관통하는 남부순환로는 급증한 인구와 교통량으로 인해 상습정체가 일어나 교통수요를 감당하는 것 자체가 관악구의 현안이 되었다.

1980년대 들어오면서 상습 정체구간인 남부순환로의 교통 분산을 위해 봉천천을 복개(覆蓋)하여 활용하는 방안이 추진되었다. 복개된 봉천천은 남부순환로를 대체할 도로로 이용하게 되었으나, 관악산에서 한강으로 이어지던 물줄기가 땅속에 묻히면서 생태계는 단절되고 말았다.

관악산에서 발원한 또 다른 하천인 도림천 또한 1980년대 늘어난 교통량을 분산하고 급증한 차량의 주차공간으로 활용하도록 복개되어 땅속에 묻히게 되었다. 관악산에서 시작된 관악의 물줄기들은 이렇게 땅속에 묻히게 되었다.

햇빛을 볼 수 없는 땅 속에 들어간 봉천천과 도림천은 수질을 가늠할 수 없게 되었고, 식물과 동물이 살 수 없는 곳으로 변했으며, 복개된 하천에서 흘러나온 물은 온갖 악취를 풍기며 주변을 혐오지로 만들어버렸다. 숲과 물의 도시라고 자부하던 관악구의 하천은 그 상부가 아스팔트로 포장된 도로가 되어 본래의 기능을 잃어버린 상태로 오랜 기간이 경과하였다.

봉천천 현황(관악구청 제공)

봉천천 복개지역 유량 조절구간(관악구청 제공)

봉천천과 도림천 합류부(관악구청 제공)

맑은 물의 유지와 안정적인 치수, 그리고 하천생태계의 복원을 위해서는 우선 땅속에 묻혀 있는 관악산의 물줄기를 밖으로 내보내야 될 것이다.

도림천, 봉천천에서 맑은 물이 흐르게 되면, 환경도 살리고, 경제도 살리고, 주민의 건강도 살리는 그야말로 일석삼조의 귀중한 관악의 도시 인프라가 될 것이다.

자연성 회복이 필요한 관악구

관악산 계곡에서 내려와 안양천으로 합류하는 도림천은 2008년부터 생태하천 복원사업을 통해 일부 구간이 복원되었다. 땅속에 묻혀 있던 하천이 햇빛을 보게 된 것이다. 복개하여 사용하던 도림천을 일부 구간이나마 복원하게 된 것은 하천의 환경기능 보전과 개선의 필요성 대두, 삶의 질 향상을 위한 시민들의 하천환경 개선 요구, 하천을 새롭게 조성하여 지역 경제 활성화를 촉진하고자하는 지역의 움직임 등의 영향이었다. 이러한 다양한 사회적 요구에 의해 도림천의 물길은 회복되었고, 식물과 동물이 서식하는 도심의 생태 연결로가 된 것이다.

그러나 봉천천은 1980년대 박스구조물을 설치하여 복개한 지역으로 하천이라는 이름만 남아 있을 뿐 전체가 복개되어

도로로 이용되고 있기 때문에 이런 사실을 알려주지 않는다면 하천이었다는 것은 알 수 없다. 하천의 자연성은 하나도 남아 있지 않는 아스팔트 도로가 되어 식물이나 물고기 한 마리도 볼 수 없는 죽어버린 하천이다.

전체가 복개된 봉천천의 물은 보라매공원 근처에서 도림천과 만나는데, 복개된 하천에서 흐르는 물의 악취로 인해 이 지역에서는 다수의 민원이 발생하고 있다. 악취 문제뿐 아니라 수질오염, 도시경관 저해, 생태계 단절 등의 환경문제가 종합적으로 나타나게 되면서 현재 자연성 회복에 대한 논의가 활발하게 진행되고 있다.

2003년 청계천 고가를 철거할 때도 교통대란을 걱정하였으며, 하천생태계의 복원으로 얻는 이점보다는 더 많은 문제가 발생할 것이라는 주장 때문에 복원사업을 주저했던 것으로 알고 있다. 그러나 하천이 복원된 이후 도심은 어찌 변했는가? 자연과 인간이 어우러진 친수공간은 시민들에게 맑은 물 흐르는 휴식공간을 제공해 주었으며, 청계천 복원을 통해 역사와 문화를 회복하였다. 또한 청계천 주변지역 정비를 통해 경제를 활성화시켰다. 거대한 고가도로의 그림자에 가려 식물도 물고기도 살 수 없던 청계천에는 이제 다양한 식물이 유입되고, 새와 물고기 그리고 다양한 곤충이 살고 있는 그런 공간이 되었다. 하천의 복원으로 도심 생태계가 회복된 것이다.

봉천천을 복원한다면 도로 면적이 감소할 것이며, 교통량을 분산시키지 못해 교통체증이 보다 심해질 수도 있다. 복개해서 주차장으로 사용하던 가용지가 줄어들어 주차난이 발생할 수도 있으며, 교통상황은 지금보다 더 나빠질지도 모른다. 이같은 우려는 충분히 있을 수 있다. 청계천 복원 당시 그랬던 것처럼 말이다.

하지만 생태하천으로 복원된다면 도심지에 생물서식처가 확대될 것이고, 수질이 회복되면 맑은 물이 흐르는 경관을 일상에서 만끽할 수 있을 것이다. 이것이 힐링이 아니고 무엇이겠는가? 청계천의 변화와 같이 하천복원은 이용객을 증가시킬 것이며, 이용객이 늘면 주변 상권이 살아나면서 지역경제도 더욱 활성화될 것이다. 이미 이러한 현상은 서울 내의 하천복원 사례에서 어렵지 않게 찾아 볼 수 있다. 여기에 증가된 녹지면적과 흐르는 물의 잠열 등은 도시온도를 조절하는 기능을 할 것이고, 하천을 따라 형성된 바람길은 대기환경을 개선하는데도 기여를 할 것이다.

서당개 삼년이면 풍월을 읊는다고 했던가? 환경수자원위원회의 위원장으로 활동을 하다 보니 어느덧 친환경도시 만들기가 나의 트레이드마크가 되어버린 듯하다. 봉천천과 도림천의 잃어버린 생태하천 복원을 위해 타당성 조사용역이 각각 진행중이다. 어떠한 방법으로 복원하는 것이 바람직한지, 주민들은 어떤 생각을 가지고 있는지, 기술적으로 어떻게 하면 효과를 극대화 시킬 수 있을 지에 대해 검토하기 위해서이다.

주민들의 의견을 수렴해서 살기 좋은 관악을 만들기 위해 무엇을 결정해야 하는지 심사숙고가 필요한 시점이다. 관악에서 자연을 빼면 무엇이 남겠는가? 맑은 물이 흐르는 친환경 도시 만들기는 내가 미래를 꿈꾸며 제시하는 관악의 비전이기도 하다.

"도림천과 봉천천이
생태하천으로 복원된다면
도심지에 생물서식처가
확대될 것이고,
수질이 회복되면
맑은 물이 흐르는 경관을
일상에서 만끽할 수
있을 것이다.
이것이 힐링이 아니고
무엇이겠는가?"

4장

아이 키우기 좋은
관악특별구 만들기

'딸 아들 구별 말고 둘만 낳아 잘 기르자'

내가 어렸을 때 여기저기 걸려 있었던 구호중의 하나다. 두 마리의 새끼를 품고 있는 비둘기가 그려진 포스터도 선명하게 기억이 나는데 이것은 얌전한 것이고 더욱 더 파격적인 구호도 있었다. 그중에 하나가 '덮어 놓고 낳다보면 거지꼴을 못 면한다' 이지 않을까? 가족계획이라는 이름하에 출산억제 정책을 추진했던 1960~1980년대 우리나라 이야기인데, 남자들의 경우 예비군 훈련에 입소해서 정관수술을 받으면 그날 바로 퇴소가 가능하다는 말에 용감하게 행동을 한 사람들도 꽤 있었던 것 같다. 심지어는 공무원아파트의 입주자격 요건에도 이것이 포함되어 있었다는 웃기지만 슬픈 이야기가 서울시 공무원들 사이에서는 전설(!)로 남아 있다.

　강력한 인구 억제 정책을 추진한 결과 50여 년이 지난 지금 우리나라는 세계 최고의 저 출산 국가가 되어 버렸다.

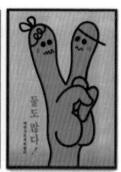

1970~1980년대 가족계획 포스터

　또한 성비(性比)의 불균형으로 향후 20년 후에는 남자 아이들이 결혼하기 힘들어질 것이라는 우울한 이야기도 통계를 바탕으로 한 사실에 가까운 예측이다.

　사회적으로 공론화된 이 문제를 풀기 위해서는 대책 마련이 시급하다. 저출산은 먼 미래에 대한민국의 존립까지 위협할 수 있는 중대한 문제이기 때문이다. 데이빗 콜먼(David Coleman, 영국 옥스퍼드대 인구학 교수)은 저출산으로 인한 '인구 소멸 국가 1호'가 대한민국이 될 것이라는 충격적인 발표를 했다. 낮은 출산율은 인재 양성을 바탕으로 발전을 해온 대한민국의 국가

•박준희의 관악정<small>稗</small>담

생산력을 저하시켜 점차 대한민국이 소멸의 길을 갈 수밖에 없다는 이야기다. 많은 선진 국가들이 인구정책에 막대한 국가재정을 투입하는 이유는 바로 이 부분을 정확히 인지하고 있기 때문이다.

관악구는 전체 약 51만 명으로 서울에서 다섯 번째로 인구가 많으며, 서울에서 1인가구가 가장 많은 지역이다. 신림지역 중심의 고시촌과 낙성대 일대에 대학가가 형성된 것이 1인 가구 증가의 가장 큰 원인이다. 1인 가구와 함께 관악구에는 신혼부부를 중심으로 3~40대 젊은 부부층이 늘어나고 있다고 한다. 그 이유는 관악구는 서울에서 주요한 베드타운으로 직장이 몰려있는 강남 일대와 가깝고, 주택가격이 비교적 저렴하여 30~40대 직장인들에게는 꽤나 매력적인 지역이기 때문이다. 이러한 현상을 반영하여 서울시와 관악구는 그동안 신혼부부 주택보급과 국·공립 어린이집 확대 등에 많은 관심을 가지고 다양한 정책을 마련해 왔다.

나는 특히 국·공립 어린이집 확대에 큰 관심을 가지고 있었다. 서울에 거주하는 대다수 젊은 부부들이 집을 구할 때 주변 어린이집, 학교 등 수준 높은 보육 및 교육시설이 마련되어 있는가를 꼼꼼하게 따져본다는 것이다. 나는 관악 일대를 단순한 베드타운이 아닌 수준 높은 보육시설이 있는 매력적인 주거지역, 즉 아이들을 키우기 좋고, 아이들이 행복해하는 그런 곳으로 만들고 싶었다.

보육정책의 성공은 관악구로의 유입인구를 늘림으로써 보다 활력 있는 지역으로 만들 수 있을 것이다. 아이들이 뛰어노는 소리, 엄마들의 웃음소리는 내가 희망하는 관악의 미래이기도 하다.

미국 인디언 사회에는 "아이 하나를 키우는 데에는 온 마을이 필요하다"라는 말이 있다. 그만큼 아이를 키우는 데는 사회의 관심과 보살핌이 필요하다는 의미일 것이다. 그렇기 때문에 육아를 엄마의 책임, 부모의 의무로만 생각해서는 밝은 미래를 기대할 수 없다는 것이 나의 생각이다.

나는 이러한 철학을 가지고 보육정책을 내 의정활동의 중요한 부분으로 살피기 시작했고, 구의원시절부터 지금까지 지역들을 다니면서 사교육비, 어린이집 문제 등 아이 키우기가 어렵다는 한숨이 섞인 지역민들의 목소리를 들을 때마다 보육정책이야말로 우리 관악에서 가장 시급하게 해결해야 할 사안이라고 생각했다.

구립어린이집 파행적 운영에 대한 문제제기

관악구의원으로 활동하던 1998년, 민원을 통해 국 · 공립 어린이집 운영에 많은 문제가 있다는 사실을 알게 되었다. 나는 동료의원들에게 이런 사실을 알리고 '구립어린이집 운영 실태에 대한 행정사무 조사 특별위원회' 구성을 제안하였다.

이미 많은 사람들이 문제의 심각성을 감지하고 있었던 터라 행정사무조사 특별위원회는 무리 없이 구성되었고, 나는 위원으로 활동하면서 기존 관악구 구립어린이집의 운영과 관리에 해당 공무원, 위탁업체, 그리고 시설책임자의 책무불이행과 제도적 모순점 등을 찾아내고, 조목조목 정리하여 개선책을 마련했다.

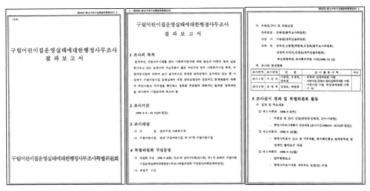

관악구 구립어린이집 행정사무조사 결과보고서

구체적으로, 보건복지부의 보육사업지침과 관련법령이 모호하여 지자체 차원에서 보육정책 마련에 많은 어려움이 있었다. 이를 위해 행정사무 조사위원회에서는 확실한 기준마련을 위한 지침 및 법령 개정을 건의하였다.

또한, 관악구 구립어린이집 운영을 위한 위탁업체 선정과정에 해당 시설책임자의 부당한 개입사실이 밝혀졌다. 당시 위탁업체 선정 시 공모에 참여한 후보업체들을 평가해 우선순위를 매겼는데, 이 과정에 시설책임자가 우선순위를 조작해 특정업체를 선정한 것이다. 나는 먼저 선정과정에 시설책임자의 개입을 막고자 우선순위 제도를 폐지시켰다.

당시에는 혈연이나 지연에 의해 위탁업체가 선정되고, 시설책임자, 교사의 역할이 구분되지 않은 상태로 족벌체제를 구축해 각종 수당 등을 횡령하고, 감정이나 급여수당 절감 등을 위해 교사를 해직시키는 사례가 빈번했다. 이 같은 일이 벌어졌던 것은 해당 공무원의 무책임한 태도로 인한 관리감독 소홀이 가장 큰 이유였다.

여기에 공무원의 가족이 어린이집 직원으로 채용되고, 서류를 조작하는 등 차마 입에 담지 못할 행위들도 발각되었다. 나를 비롯한 우리 위원들은 공무원의 관리감독체계 개선을 한목소리로 요구하였다.

특히, 당시 언론에 보도된 '간식비 910원 지원받아 방울토마토 3개 달랑' 이라는 급식사건은 나를 더욱 분노하게 만들었다. 조사 과정에서 알고 보니 전문영양사 없이 동네 아주머니나 친인척 등 자격을 갖추지 못한 사람을 쓰고 있었던 것이다.

이 사건 이후 관악구의 국·공립 어린이집에서는 전문자격

관악구 구립어린이집 행정사무조사에 관한 당시 언론보도 내용

을 갖춘 영양사가 채용되었고, 자연스럽게 급식환경도 달라졌다. 이외에도 교육 프로그램, 위생관리 등 내·외부적인 환경개선 20가지 항목을 지적하고 제도개선방안을 마련하기 위해 힘썼다. 이러한 노력이 전국적으로 알려지면서 전국 국·공립 어린이집의 벤치마킹 대상이 되기도 했다.

현재 관악구의 국·공립 어린이집은 다른 지역에 비해 매우 좋은 환경이라는 평가를 받고 있으며, 지속적인 시설개선·확보사업 등으로 양적, 질적으로 더욱 향상되어 왔다. 관악구는 이에 그치지 않고, 전국에서 최초로 '국·공립어린이집 운영위원회' 제도를 도입해 투명한 관리를 함으로써 중앙부처인 보건복지부로부터 국·공립어린이집의 모범적인 운영 사례로 평가받고 있다.

관악구의 국·공립어린이집 운영은 관악구 가정복지과와

관악구 육아종합지원센터, 어린이집연합회가 공동으로 관여하고 있다. 육아종합지원센터는 관악구 보육 전반에 관한 제반정보 및 상담 등의 서비스를 신속하고 체계적으로 제공하는 기관으로 앞서 언급한 관악구 구립어린이집 행정사무조사 특별위원회 활동 이후인 1999년에 '관악구보육정보센터' 라는 이름으로 개소한 후 지금에 이르게 됐다.

관악구 국·공립어린이집 연합회는 영유아보육 사업에 필요한 질적 지원과 상호 간의 교류 지원 등으로 엄마들을 안심시키는 역할을 톡톡히 하고 있다.

지금까지 소개한 바와 같이 관악구의 국·공립어린이집은 타 지역의 국·공립어린이집에 비해 매우 선진적으로 운영·관리되고 있지만 아직 보완해야 할 숙제가 남아 있다. 최근 언론에 보도된 것처럼 교사의 부도덕적한 행위, 열악한 급식환경 등은 여전히 보육환경의 개선이 필요하다는 방증이다.

좀 더 나은 관악구 어린이집을 위해

나는 관악구의 어린이집 운영 개선을 위해 몇 가지 의견을 제시하고자 한다. 어린이집의 원장과 교사들의 직무교육 강화, 열린 어린이집의 운영 확대를 통해 어린이집에 아이를 보내는 부모님들에게 신뢰 주기, 아이들의 안전을 위해 신중한 검토를 바탕으로 적정한 곳에 CCTV 설치하기 등을 제안한다. 또한 영유아들이 이유 없이 어린이집에 출석하지 않은 경우, 즉시 확인하는 제도적 장치를 마련하는 등 가정과의 긴밀한 연락체계를 강화하는 작업도 동시에 진행되어야 한다.

그리고 중요한 것이 아이들의 먹거리다. 먹거리는 풍성하고 종류도 천차만별이다. 그러나 어린이집에서 하루 종일 생활하는 아이들에게 건강과 신체발육에 도움을 줄 수 있는 식사와 간식 아이템은 아직까지 그리 체계적이지는 못하다.

여기에는 재원부족과 불균형적인 집행이 영향을 미쳤다고 생각한다. 성장하는 아이들에게 매일 제공되는 급식과 시간대별 간식의 질을 향상시키기 위해서는 좀 더 구조적인 노력이 필요할 것이다.

또한 국·공립어린이집뿐만 아니라 민간어린이집에 대한 현안도 함께 안고 가야 한다. 관악구에는 290개소의 어린이집의 대부분이 민간어린이집이다. 결국 민간어린이집의 구조적 문제에 대한 해결방안 없이 보육정책을 논하는 것은 그야말로 앙꼬 없는 찐빵과 같은 것이다.

어린이집을 다니는 아이들, 부모님, 교사 등 모두가 행복해지기 위해서는 국·공립이니 민간이니 하는 구분 없이 통합적인 논의가 필요할 것이다.

민간어린이집 운영개선을 위한 정책간담회

지역사회가 함께 키우는 어린이

올바른 보육을 위해 나는 어린이집에 아이를 위탁한 부모님들께도 한마디 당부를 하고 싶은 말이 있다. 무조건적으로 '내 아이' 만을 강조해서는 안 된다는 것이다.

학교나 사회에 적응하지 못하고 나약한 아이가 늘어가는 것이 바로 내 아이 중심적인 사고 때문이기도 하다.

저출산 문제는 단지 인구 문제뿐만 아니라 사회의 다양한 부문에서 변화를 초래하였다. 우선 한 아이를 낳아 기르는 집이 대부분이라 집에서 형, 누나, 동생이라는 단어를 조만간 듣기 어려워질지 모른다. 어쩌면 이모, 고모, 삼촌이라는 단어는 우리 주변에서 사라질지도 모르겠다.

나는 지금까지의 성과에서 한발 더 나아가 영유아가 행복하고, 건강하게 자랄 수 있는 보육환경을 구축함으로써 '아이 키우기 좋은 사람 중심의 관악특별구' 를 만들고 싶다는 소망을 가지고 있다. 지금까지의 경험을 바탕으로 앞으로도 영유아 보육현장을 잘 살펴 이 소망을 꼭 이루어 가고 싶다.

미국 인디언 사회에는
"아이 하나를 키우는 데에는
온 마을이 필요하다"라는
말이 있다.
그만큼 아이를 키우는 데는
사회의 관심과 보살핌이
필요하다는 의미일 것이다.
그렇기 때문에 육아를 엄마의 책임,
부모의 의무로만 생각해서는
밝은 미래를 기대할 수 없다는 것이
나의 생각이다.

5장

관악구의 미래는 녹색이다

관악산에서 시작된 관악구

인구 천만의 거대도시 서울은 북쪽의 북한산, 남쪽의 관악산, 동쪽의 아차산, 서쪽의 덕양산으로 둘러싸인 분지 지형에 동쪽에서 서쪽으로 한강이 흐르는 산과 물이 조화로운 도시이다.

관악구는 서울시 남쪽 관악산 자락에 위치하고 있다. 1962년 서울시 행정구역 확장에 따라 경기도 시흥군 독산리, 가리봉리, 신림리, 봉천리가 서울시 영등포구로 편입되었으며, 1973년에 영등포구에서 관악구가 분리되었다.

1980년에는 관악구의 일부가 동작구, 강남구(현 서초구)로 편입되면서 현재의 행정구역으로 정리되었다. 현재 관악구는 관악산을 경계로 남측에 경기도와 접해 있으며, 서초구, 동작구, 금천구와 경계하고 있다.

관악구의 법정동인 봉천동(奉天洞)은 관악산 인근 마을로 산이 높고 험하여 마치 하늘을 받들고 있는 것처럼 보인다는 데서 유래하였고, 남현동(南峴洞)은 남쪽에 있는 고개 즉 남태령(南泰嶺)에서 유래하였다. 신림동(新林洞)은 관악산 기슭 숲이 무성한 곳이라는 뜻에서 붙여진 마을 이름으로 관악구내 대부분의 행정구역이 관악산(冠岳山, 629m)과 연관이 되어 있다.

이렇듯 관악구는 관악산을 떼어놓고는 설명이 안 되는 지역이다.

현재 관악구의 법정동은 3개이며, 이들 3개의 법정동은 봉천동 9개, 남현동 1개, 신림동 11개의 행정동으로 구분된다. 행정동 이름 또한 관악산과 연관된 이름으로 명명하여 관리하고 있다.

관악산을 이용하는 시민들

해발 632m의 관악산은 서울시 관악구와 금천구에서 접근이

관악구 법정동 명칭과 행정동 현황

봉천동(奉天洞)	남현동(南峴洞)	신림동(新林洞)
은천동(殷川洞) 성현동(成賢洞) 청룡동(靑龍洞) 보라매동 청림동(靑林洞) 행운동(幸運洞) 낙성대동(落星垈洞) 중앙동(中央洞) 인헌동(仁憲洞)	남현동(南峴洞)	서원동(書院洞) 신원동(新源洞) 서림동(瑞林洞) 난곡동(蘭谷洞) 신사동(新士洞) 신림동(新林洞) 삼성동(三聖洞) 난향동(蘭香洞) 조원동(棗園洞) 대학동(大學洞) 미성동(美星洞)

가능하며, 경기도 안양시와 과천시에서도 접근할 수 있다. 수 없이 생겨나는 등산로를 정확히 계수할 수는 없지만, 관악산의 대표 등산로는 10개로 알려져 있다.

최근 관악구에서는 이용객을 파악하기 위해 관악산 입구 1개소에 자동계측기를 설치하여 이용자를 조사하였다. 2017년 1월부터 7월까지 이용객을 계수해본 결과, 548만 명이 방문한 것으로 나타났다.

과거 서울시 주요산 등산객 이용현황으로 제시된 자료에서는 강남지역 대모산 106만 명, 강북지역 수락산 210만 명, 불암산 100만 명 등으로 나타났는데, 7개월간 등산객, 그것도 1

개 출입구에서 계수한 등산객이 548만 명이라는 수치는 서울시 산 중에 가장 많은 등산객이 이용하고 있는 것으로 보아도 무방할 것이다.

특히 서울시 북측 외곽에 위치하고 있는 북한산국립공원의 등산객이 연 609만 명으로 보도(《조선일보》 2017. 6. 23)된 것을 보면 관악산의 이용자가 많다는 것은 의심의 여지가 없다.

요즘 힐링 트랜드의 하나인 둘레길도 관악산 이용과 밀접하게 연관되어 있다. 서울시에서는 서울을 한 바퀴 돌 수 있는 총 길이 157km의 서울둘레길을 조성하였는데, 2016년 말 완주 인원이 1만7천 명에 이를 정도로 많은 사람들이 이용하고 있다.

서울둘레길은 총 8코스로 서울의 역사, 문화, 자연생태 등을 스토리로 엮어 탐방객들이 오감체험을 할 수 있도록 만든 길이다. 이 중 관악산코스(5코스)는 관악구와 금천구에 걸쳐 있으며, 서울의 대표 명산인 관악산을 지나면서 삼림욕을 즐기고, 낙성대, 천주교 삼성산성지, 사찰 등 역사자원이 풍부한 길로 알려져 있어 많은 사람들이 재방문을 하는 코스다.

관악산에는 서울둘레길 외에도 관악산 주변의 수려한 산림과 계곡을 활용한 생태문화길 3곳이 조성되어 있다. 관악산 식물원에서 계곡을 따라 조성된 '관악산 계곡 나들길' 5.58km와 '관악산 나들길' 6.99km, 그리고 오래된 나무와 온갖 풀이 바

위와 어우러져 철따라 변하는 모습이 금강산 같다하여 '소금 강'으로 불리는 관음사 주변의 '관음사 산책길' 0.81km이다. 이와 같이 관악산은 여러 등산로와 서울둘레길 그리고 관악구 자체에서 조성한 생태문화길 등 관악구민 뿐만 아니라 서울시 민의 사랑을 받고 있는 것으로 나타났다.

서울교통공사에서 2017년 1월부터 6월까지 지하철 1호선에 서 8호선까지 총 275개 지하철역의 승하차 인원을 조사한 적 이 있다. 그 결과를 보면 승차인원이 많은 역은 강남역, 잠실 역, 홍대입구역 순으로 조사되었으며, 하차인원이 많은 역은 강남역, 홍대입구역, 잠실역 순이었다. 그런데 의외였던 것은 관악구내에 위치하고 있는 신림역과 서울대입구역도 승하차 인원이 많은 역으로 이름이 올라와 있다는 것이다.

275개 지하철역 중 승차인원이 4번째로 많은 신림역은 일평 균 승차인원이 71,762명이었으며, 서울대입구역은 11번째로 많은 53,502명이 승차하는 것으로 조사되었으며, 하차인원 또 한 신림역이 4번째, 서울대입구역이 10번째로 많은 역으로 조 사되어 관악구 2개 역이 지하철 이용이 많은 것으로 나타났다.

이 두 역은 공교롭게도 관악산을 이용하는 많은 사람들이 이 역을 통해 관악산으로 접근한다는 공통점을 가지고 있다. 토·일요일의 승하차 인원을 파악할 수 있는 자료가 있다면 관악산을 이용하는 인원을 보다 정확하게 추정할 수 있겠지만, 이에 대한 자료는 별도로 구할 수가 없었다.

신림역과 서울대입구역의 일평균 승하차 인원이 많은 것은 관악산의 이용객도 영향을 미치는 것으로 보인다.

관악구 법정동 명칭과 행정동 현황

순위	승차인원		하차인원	
	역명	일평균	역명	일평균
1	강남	101,754	강남	102,481
2	잠실(2)	88,973	홍대입구	85,039
3	홍대입구	79,738	잠실(2)	82,851
4	신림	71,762	신림	70,400
5	구로디지털단지	63,293	구로디지털단지	63,386
6	신도림	61,870	신도림	61,881
7	고속터미널(3)	60,732	고속터미널(3)	58,475
8	서울역(1)	59,334	삼성	57,145
9	삼성	55,344	서울역(1)	52,570
10	선릉	53,826	서울대입구	52,260
11	서울대입구	53,502	신촌	51,263
12	신촌	50,661	건대입구(2)	49,980
13	을지로입구	49,434	역삼	49,960
14	강변	48,686	사당(2)	49,563
15	수유	46,242	을지로입구	48,823

비고) 2017년 1월~ 6월 서울교통공사 조사결과 인용
전체 275개 역 중 상위 15개 지하철역임.

·**박준희**의 관악정情담

임야면적은 1등 이지만, 공원녹지는 부족한 관악구

서울특별시는 605.20㎢의 전체 면적 중 외곽과 도심지 내부에 잔존 산림이 있어 23.3%인 141.03㎢의 면적이 임야다.

관악구는 전체 면적이 29.57㎢로 서울특별시 자치구 중 7번째로 넓은 자치구이며 임야면적은 16.13㎢(자치구 면적의 54.5%)로

서울특별시 자치구별 면적과 임야면적

No	행정구역	면적(㎢)	임야면적(㎢)	비율(%)	비고
	서울시	605.20	141.03	23.3	
1	서초구	47.00	18.01	38.3	
2	강서구	41.44	2.78	6.7	
3	강남구	39.50	6.08	15.4	
4	노원구	35.45	15.53	43.8	4
5	송파구	33.88	1.66	4.9	
6	은평구	29.70	13.76	46.3	3
7	관악구	29.57	16.13	54.5	1
8	강동구	24.59	2.94	12.0	
9	성북구	24.58	8.2	33.4	
10	영등포구	24.53	0.07	0.3	
11	종로구	23.91	9.38	39.2	5
12	마포구	23.84	0.54	2.3	
13	강북구	23.60	12.79	54.2	2

서울시 25개 자치구 중 임야면적이 가장 넓은 구(區)이다. 이와 같이 많은 임야를 가지고 있는 관악구가 풍부한 공원녹지를 가지고 있을 것으로 예상하겠지만 속을 들여다보면, 관악구의 공원녹지는 매우 부족한 실정이다.

관악구에는 관악산도시자연공원 1개소와 기타공원 112개소를 합한 총 113개의 공원이 있다.
기타공원은 근린공원 4개소(신림, 까치산, 상도, 장군봉), 어린이공원 64개소, 소공원 8개소, 마을마당 12개소가 조성되어 있고, 근린공원 2개소, 어린이공원 7개소, 소공원 9개소, 주제공원 5개소는 현재 미조성 상태로 남아 있다.

관악구 공원녹지 현황 (2016년 말 기준)

구분	관악구 전체면적	공원 합계	도시자연공원	기타공원
면적(㎢)	29.57	10.97	10.42	0.55
비율(%)	100.0	37.12	35.24	1.88
개소수		113	1	112

• 박준희의 관악정淸담

관악구 기타공원 현황 (2016년 말 기준)

구분	근린공원	어린이 공원	소공원	문화 공원	수변 공원	마을마당 등
면적(㎢)	0.40	0.08	0.02	0.01	0.03	0.01
비율(%)	72.15	15.72	4.11	0.78	6.03	1.12
개소수 (미조성)	6 (2)	71 (7)	17 (9)	1 (1)	4 (4)	13 (1)

　서울시 각 자치구에는 환경부가 관리하는 북한산국립공원, 국민체육진흥공단이 관리하는 올림픽공원 같은 타 기관에서 관리하는 공원이 있으며, 월드컵공원, 북서울꿈의숲 같은 서울시가 직접 관리하는 공원과 한강의 하천변 고수부지 등의 공원이 있다. 대부분 자치구에는 이런 공원이 2곳 이상 분포하고 있으나, 관악구는 한강에 접해 있지 않으며, 서울시 직영공원은 물론 타 기관에서 관리하는 공원 등은 전무한 실정이다.

　수치상으로 타 구와 비교해보면 관악구의 열악한 공원녹지 현황을 알 수 있다. 근린공원 갯수를 비교해 보면 근린공원이 많은 자치구인 강남구에는 57개소, 송파구에는 49개소가 있으나 관악구는 4개에 그치고 있으며, 근린공원 면적도 강서구는 3.0㎢, 마포구는 2.8㎢에 달하지만 관악구는 0.4㎢에 불과할 정도로 생활권 내에 있는 근린공원이 절대적으로 부족한 실정이다.

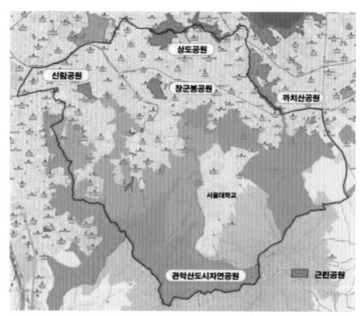

상도공원
신림공원
장군봉공원
까치산공원
서울대학교
관악산도시자연공원
근린공원

관악구 공원녹지 현황

관악구는 전체 면적의 37.1퍼센트가 공원이지만, 관악산도
시자연공원 35.2퍼센트를 제외하면 기타 공원은 1.9퍼센트에
불과할 정도로 관악산 외에는 공원을 논할 수도 없을 만큼 관
악산에 대한 의존도가 절대적으로 높은 자치구다. 이 말은 마
음먹고 산을 오르기 전에는 공원을 접할 기회가 적다는 것이
다. 또한 관악산이 개발에 노출되면서 산자락 하단부가 지속
적으로 훼손되고 있어 관악구 공원관리를 위해서는 관악산 복
원이 절대적으로 필요하다.

녹지 확보를 위한 그동안의 노력

서울시에서는 보다 쾌적한 도시를 만들기 위해 지역별로 몇 개의 대규모 공원을 조성했다. 월드컵공원, 북서울꿈의숲, 서울숲 등 지역의 거점이 되는 공원을 만들었으며, 폐철도부지를 활용하여 경춘선, 경의선 숲길을 만들었다. 최근에는 관광과 문화 등을 접목시켜 서울로 7017과 마포 문화비축기지, 그리고 마곡에 서울식물원 등새로운 패러다임의 공원을 조성하였다.

그러나 관악구는 최근 10년간 재개발 사업을 하면서 소규모 공원이 0.21㎢ 확장된 것을 제외하면 신규 공원 조성이 없었다. 사람들은 관악산의 임야면적을 공원면적이라 생각하고 있는 것 같다. 하지만, 관악산에는 아직도 개인 소유의 미집행공원이 산재해 있어 실제로 사람들이 이용할 수 있는 공원면적을 계산해보면 공원이 왜 부족하다고 하는지 이해할 수 있을 것이다. 나는 이런 관악구의 사정을 잘 알고 있었기 때문에 서울시 의원으로 관악구의 미래를 위해서 다양한 공원녹지를 확보하기 위해 힘써왔다.

먼저, 나는 생활권공원 내 사유지의 매입을 위하여 예산을 확보했다. 동작구와 접하고 있는 상도근린공원과 관악구 중앙에 위치한 장군봉근린공원에는 다수의 사유지가 포함되어 있으며, 관악산에도 사유지가 많이 있다. 2020년이 되면 장기 미집행 공원용지는 공원에서 해제되어 그나마 이용하던 공원조차도 이용할 수 없게 될 수 있다. 그래서 나는 장기미집행공원용지의 사유지 보상을 위해 많은 노력을 해왔다.

관악구의 2012년부터 2016년까지 토지보상 예산을 살펴보면 가장 적었던 2014년에 18억 원, 가장 많았던 2013년에 146억원이었다. 그러나 환경수자원위원회 위원장이 된 이후 2017년에는 396억 원을 확보하여 관악구의 장기미집행공원용지 확보에 크게 기여하였다. 물론 이러한 예산은 단적으로 내가 확보했다고 말할 수는 없다. 하지만, 나는 "관악구에서 장기미집행공원용지 보상이 왜 중요한가?"를 끊임없이 피력해 왔기 때문에 예산확보를 하는 데 기여를 했다고 감히 이야기할 수 있다. 공원용지의 확보는 관악의 미래에 투자를 하는 일이라는 확신이 있었기에 가능한 일이었다.

2012년 이후 관악구 공원용지 중 사유지 매입 현황

연도	사업비(백만원)	면적(㎡)	비고
2012	8,354	16,514	
2013	14,675	44,694	
2014	1,848	5,189	
2015	4,778	12,470	
2016	3,926	14,568	
2017	39,682	10,497	

다음으로는 녹색복지를 체감할 수 있는 다양한 방법을 모색하였다. 공원 및 녹지 혜택이 부족한 관악구에 다양한 아이디어를 통해 주민들이 녹지를 접할 수 있는 기회를 만드는 것이 필요했다.

서울시에서는 2013년부터 에코스쿨 사업을 추진하고 있다. 이 사업은 학교의 유휴지에 각 학교의 형편에 맞게 녹지를 확대하고 새로 조성된 녹지를 통해 다양한 교육프로그램을 운영하도록 하는 것으로 이 사업은 녹지확보 이외에 환경교육 등의 일석이조(一石二鳥)효과를 나타내고 있는 사업이다. 나는 이 에코스쿨 사업을 관악구에 적극 유치하기 위해 노력한 결과, 2013년과 2014년에는 1개소, 2015년과 2016년에는 2개소, 2017년에는 3개소가 에코스쿨 사업대상지로 선정되었다. 나는 지금도 학생들에게 쾌적한 환경과 체험의 기회를 제공하는 이 사업의 효과에 대해 널리 홍보를 하고 있다. 하루의 많은 시간을 학교에서 보내는 아이들에게는 이만한 서비스가 없다고 생각하기 때문이다. 초등, 중등, 고등학교의 학생들에게는 에코스쿨 사업이 좋은 환경을 제공하겠지만, 취학 전 어린이들은 집주변에 맘 놓고 뛰어놀 수 있는 공간을 제공하는 것이 좋을 것이다. 관악구에는 64개의 어린이공원이 있지만, 이 공원들이 과연 이용하는 어린이들의 눈높이에 맞게 만들어지고, 또한 안전하게 관리되고 있을까?

관악구 에코스쿨 사업 실적

연도	개소수	학교명
2013	1	신림고
2014	1	난우중
2015	2	봉현초, 성보중
2016	2	남부초, 삼성초
2017	3	인헌고, 신봉초, 당곡중

서울시에서는 기존 어린이공원을 개선하여 창의어린이놀이터로 조성하는 계획을 추진하고 있는데, 시의원이 된 이후 나는 이 창의어린이놀이터를 하나의 대안으로 생각하고 관악구에 조성할 수 있도록 매우 적극적으로 노력했다.

그 결과 2015년에 4개소(난곡, 미성동 난우, 문성, 장미), 2016년 2개소(난곡동 난우, 미림), 2017년 2개소(중앙, 새들)의 어린이공원이 창의적인 놀이공간으로 새롭게 태어났다.

다행히 새롭게 조성된 이 창의어린이놀이터들은 지역주민들에게 매우 인기 있는 공간으로 사랑을 받고 있어 근처를 지날 때마다 뿌듯한 자부심을 느끼고 있다.

최근에는 도림천과 봉천천을 복원할 원대한 계획을 세우고 있다. 근대 산업화 과정에서 교통체증의 해소 및 주차장 확보 등을 위해 복개하였던 하천의 복원을 통해 자연환경이 살아있는 관악구로 만드는 시도다.

지난 2017년 9월에는 도림천과 봉천천의 하천복원을 위한 타당성을 조사하기 위해 주민의견을 수렴하였으며, 기술적인 부분과 환경적인 부분을 종합하여 현재 신중한 검토를 하고 있다. 공원녹지의 부족함을 채우는 데 하천은 매우 유용한 공간이다.

사실 나는 도림천과 낭천천의 복원을 통해 공원녹지의 확보뿐만 아니라 경관도 회복하고 지역경제도 회복할 수 있는 큰 그림을 그리고 싶다.

관악구를 위한 공원녹지 비전

관악구 면적의 35퍼센트가 관악산도시자연공원이다. 이 말은 관악구는 1/3이 관악산이라는 이야기다. 좀 더 직설적으로 이야기하면 관악산을 제대로 활용하지 못하면 어떻게 해도 관악구의 공원녹지 문제는 풀기 어렵다는 것이다.

이렇게 관악구의 넓은 면적을 차지하고 있고, 서울시의 산 중 이용객이 가장 많은 산이지만, 관악구민들은 관악산을 어떻게 이용하고 있을까?

실제로 관악산 산자락의 하단부에는 아직도 불법 비닐하우스가 널려 있고, 건축자재 야적장이 있는가 하면 가축을 사육하고 있는 불법시설도 눈에 띈다. 정작 관악산 주변에서 살아가고 있는 관악구민들은 관악산을 눈앞에 두고도 제대로 이용할 수 없는 환경인 것이다.

다른 지역 사람들에게 사랑을 받는 것은 고마운 일이지만, 구민들에게도 관악산의 좋은 환경을 누릴 수 있는 기회는 제공되어야 한다는 마음으로 관악산 산자락 하단부인 봉천동 256-1 일대 건축자재 야적장 및 불법 비닐하우스가 설치된 지역을 매입하여 도심형 캠핑장을 조성할 수 있도록 제안하였다. 캠핑장 조성은 훼손된 산림의 복원을 통한 산림 경관 회복뿐 아니라 자연을 활용한 휴양과 레저·레크레이션의 기회를 제공할 수 있다는 점에서 불량환경에 시달려 온 관악구민에게는 큰 선물이 될 듯하다.

관악산 캠핑장 조성계획도

·박준희의 관악정情담

여기에 그치지 않고 단독주택지와 인접한 훼손지인 신림동 산86-6 일대 사유지를 매입하여 지역주민들이 직접 경작하고 활용할 수 있도록 친환경텃밭을 조성하여 자연체험교육장으로 만드는 도시농업공원 조성사업을 추진하고 있다.

이 도시농업공원은 동네와 인접한 훼손지역에 공원을 조성함으로써 산림복원의 효과와 함께 휴게시설 등을 조성하여 지역주민들의 정서 함양에 기여할 것이다. 또한 경작활동을 통한 수확의 기쁨과 먹거리에 대한 바른 인식 등을 통하여 농업의 중요성도 널리 알릴 예정이다. 이 공원이 예정대로 2018년 완공이 되면 지역의 커뮤니티 공간으로써 주민들의 삶의 질 향상에 크게 기여할 것이다.

관악구 도시농업공원 조감도

관악산을 빼고 관악구의 미래를 논할 수 없듯이 관악구의 미래를 논할 때 공원녹지는 뺄 수 없는 존재다. 그래서 나는 녹색은 관악의 미래라고 생각한다. 녹색은 많은 함축된 의미를 가지고 있지만, 내가 여기서 표현하고 있는 녹색은 훼손된 녹지를 복원하고, 새로운 공원을 조성하고, 도시에 맞는 작물을 경작하는 결과로 얻어지는 것을 통칭한다.

우리는 이런 녹색을 통해 치유하고 여가활동을 즐기며, 안전한 먹거리를 확보할 수 있으니 관악의 미래는 녹색이 결정한다는 말이 과언은 아닐 듯 싶다.

관악산을 빼고 관악구의 미래를
논할 수 없듯이
관악구의 미래를 논할 때
공원녹지는 뺄 수 없는 존재이다.
"훼손된 관악산의 제모습찾기"
"마음 놓고 뛰어놀 수 있는
공원 만들기"
"녹지 관리를 통한
살고 싶은 도시 만들기"
녹색은 관악의 미래이다.

6장

친환경에너지 도시를 꿈꾸며

올해 초 우리 시민들을 괴롭혔던 초미세먼지와 미세먼지 문제가 요즘은 언제 그런 일이 있었냐는 듯 잠잠하기만 하다. 여름철인 7~8월에 상대적으로 비가 많이 내려서 그런지 미세먼지에 대한 불만이 크게 부각되지 않아서 일지도 모르겠다. 미세먼지와 같은 대기오염물질은 바람이나 비 등 기상의 영향을 크게 받는다는 특징이 있다. 똑같은 양이 배출되었다고 하더라도 바람이 불거나 비가 오게 되면 오염물질이 희석되거나 씻겨 내려가 농도가 급격히 낮아진다. 대기오염물질은 생성기원에 따라 두 가지로 분류되는데, 1차 오염물질은 굴뚝과 같은 발생원에서 직접 배출되는 것이고, 2차 오염물질은 발생원에서 배출된 후 화학적인 산화나 광화학반응에 의해 다른 물질로 전환된 것을 말한다. 대기오염물질의 대표주자인 미세먼지는 대기 중에 떠다니거나 흩날려 내려오는 사람의 머리카락 직경보다도 작은 크기의 입자(粒子)형태의 물질을 말하는 것으로 10㎛이하는 미세먼지(PM-10), 2.5㎛ 이하는 초미세먼지(PM2.5)라고 부른다.

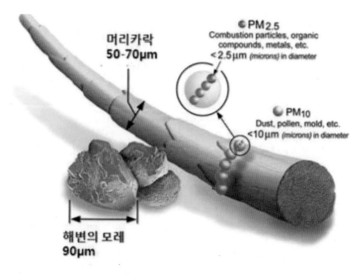

머리카락
50-70μm

©PM2.5
Combustion particles, organic
compounds, metals, etc.
<2.5μm (microns) in diameter

©PM10
Dust, pollen, mold, etc.
<10μm (microns) in diameter

해변의 모래
90μm

사람의 머리카락 보다 작은 미세먼지와 초미세먼지

미세먼지는 크기가 매우 작아 코점막을 통해 걸러지지 않아서 몸 속에 직접 침투해 많은 질병을 야기하는 것으로 알려져 있다. 특히 머릿속 뇌까지 직접 침투하기도하고 천식과 폐질환 유병률과 조기사망률을 증가시킨다고 한다.

세계보건기구(WHO) 산하 국제암연구소(IARC) 또한 미세먼지를 인간에게 암을 일으키는 것으로 확인된 1군 발암물질로 분류하고 있다. 고농도 미세먼지는 특히 영유아 및 어린이와 같은 건강취약 계층에 더 위험하다고 한다. 금년 초 높아졌던 미세먼지에 대한 관심덕에 중앙 정부에서는 각급 학교에 공기청정기를 설치하기 위한 예산을 반영하였다고 한다. 그런데 이것은 교실의 실내공기질 대책은 될 수 있어도 교실 밖의 대기질 개선에 대한 근본적인 대책은 아니다. 그럼에도 불구하고 이것을 대기질 개선 대책이라고 이야기 하는 것을 보면 그저 웃을 수밖에 없다.

미세먼지 정책의 패러다임을 근본적으로 바꿔야

서울시에서 미세먼지 문제를 해결하기 위해서는 어디에서 가장 많이 발생하는가를 알아야 한다. 전문가들에 따르면 초미세먼지의 경우는 지역별로 보면 서울시 자체에서 발생하는 것이 22퍼센트, 수도권 12퍼센트, 중국 등이 59퍼센트로 외부에서 더 많이 흘러들어오는 것으로 밝혀졌다. 서울시 자체보다 외부적인 요인이 많다는 것은 그만큼 서울시가 움직일 수 있는 운신의 폭에 한계가 있다는 이야기다.

미세먼지(PM2.5)의 지역별 배출원별 배출비율

미세먼지의 배출원별 기여도를 살펴보면, 난방·발전 39퍼센트, 교통 37퍼센트, 비산먼지 22퍼센트 등으로 나타났다. 서울시는 그동안 교통 분야가 가장 높은 비중을 차지하는 것으로 보고 자동차 분야를 중심으로 저감대책을 추진하였다.

청정연료 사용, 서울 시내버스의 천연가스(CNG) 차량으로 교체, 운행 중인 경유차 꽁무니에 매연저감장치 부착 사업 등이 바로 그것이다. 이러한 사업을 추진한 결과 서울의 대기질은 그동안 꾸준히 개선되어 온 것도 같다.

예전에는 와이셔츠를 하루만 입어도 목 부분이 시커멓게 변했었고, 시내버스 꽁무니에서 매연을 내뿜는 일이 많았지만, 요즘에는 거의 볼 수 없는 모습이다. 그런데, 2012년도 이후에는 어찌된 일인지 미세먼지(PM-10) 농도는 더 이상 낮아지지 않고 $45\mu g/m^3$ 정도를 오르내리고 있고 초미세먼지(PM-2.5)는 개선되는 추세라고 보기 어렵다. 자동차 중심의 대기질 개선 정책만으로는 한계가 있다는 이야기도 들린다.

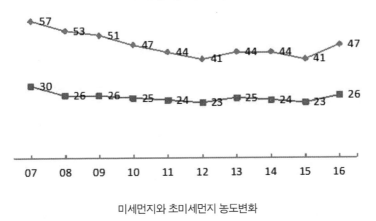

미세먼지와 초미세먼지 농도변화

그렇다면 미세먼지 대책의 방향을 새롭게 고민해야 하지 않을까? 미세먼지의 배출원별 자료에도 나와 있는 것처럼 난방이나 발전분야에 대한 대책 말이다.

사실 나는 제8대 시의회 4년 동안 교통위원회에서만 활동하였기 때문에 대기환경문제에는 그다지 관심을 갖지 않았다. 심지어 도시교통본부에서 금년도에 발표한 녹색교통진흥지역 지정이 대기질 개선에 아주 중요한 교통수요관리 정책이라는 것도 교통분야와 관련이 있음에도 불구하고 최근에 와서야 이를 알았다는 것은 부끄럽다고 해야 할 일이 아닌가 싶다.

미세먼지는 가정용 보일러에서도 나온다

앞에서 초미세먼지의 배출원별 기여도에서 난방·발전은 39퍼센트로 가장 높은 비율을 차지하고 있는데, 서울의 경우 당인리 화력발전소, 서울에너지공사, 한국지역난방공사의 열병합발전시설을 포함하더라도, 발전분야의 비중은 크지 않을 것으로 예상된다. 그렇다면, 난방 쪽에서도 초미세먼지가 발생한다는 것이고, 가정용 보일러도 하나의 원인이라 할 수 있다는 이야기가 된다.

흔히들 미세먼지는 자동차 배기가스, 화석연료 연소, 공사장 비산먼지 등을 떠올리는데, 원래는 미세먼지가 아니었는데 나중에 미세먼지가 되는 것도 있다.

이것이 바로 2차 오염물질이라는 것이다. 인체건강 위해성이 큰 초미세먼지(PM-2.5)의 약33퍼센트는 유기물질(OC), 질소산화물(NOx), 암모니아, 블랙카본, 황산화물(SOx) 등이 광화학적 반응에 참여하여 2차적으로 만들어지는 것으로 알려져 있어 대책수립이 더욱 더 어렵다.

초미세먼지의 2차 생성원리

질소산화물(NOx)은 청정연료라고 하는 도시가스(LNG)나 액화석유가스(LPG)를 연소시킬 경우에도 어김없이 발생한다. 일반 가정에서 사용하는 보일러를 통해서도 질소산화물이 배출되고 있다는 것은 깜짝 놀랄 일이라 할 수 있다. 서울시가 그동안 자동차 분야에 대한 대책을 집중적으로 추진한 것은 사실이다. 그러한 가운데서도 미미하기는 하지만 난방분야 대책도 추진하고 있는 것이 있다. 질소산화물 배출량을 줄이기 위해 경제적 여건이 좋지 않은 중소기업, 비영리단체, 업무·상업용 건물, 공동주택 등의 오래된 보일러에서 사용하는 일반버너를 저녹스버너로 교체하는 사업이 바로 그것이다.

일반 가정에 대해서는 질소산화물 배출이 적은 친환경보일러 보급사업을 2015년부터 추진하고 있으나 아직까지는 크게 눈에 띄지 않는다.

질소산화물 대책인 저녹스버너 및 친환경보일러 보급

에너지생산도시 관악구

지난 2011년 일본 후쿠시마 원전사고 이후 탈원전 분위기
확산, 대규모 전국 정전사태 등을 겪으며 서울시는 에너지 위
기와 기후변화에 선제적으로 대응하기 위하여 2012년 5월부
터 '원전 하나 줄이기 사업'을 추진하기 시작했다. 그 결과
2014년도 6월에 200만 TOE(석유환산톤) 절감목표를 조기 달성하
였다. 원전 하나 줄이기 목표를 이뤄낸 데는 에코마일리지 제
도에 시민들의 에너지 절약 참여가 가장 큰 동력이 됐다. 엘
이디(LED) 조명 교체를 비롯한 에너지 효율화와 햇빛발전소 건
립 등 에너지 생산도 더해졌다. 실제 2015년 전국 평균 전력
사용량은 2011년 대비 6.28% 늘었지만 서울은 3.24% 줄었다.
서울시는 2015년 5월 전력 자립률을 2020년까지 20%로 끌어

올리는 것을 목표로 하는 '원전 하나 줄이기' 2단계 방안을 내놓았다.

제2단계 원전 하나 줄이기 사업에서는 미니태양광, 태양광, 연료전지 등 소규모 분산형 전원을 확대거나 냉각열, 소각열 등을 이용하는 등 에너지 생산에도 많은 비중을 두고 있다.

관악구는 그동안 태양광을 비롯한 신재생에너지 시설을 적극적으로 추진하지 못한 것이 안타깝지만 사실이다.

태양광을 예로 들자면 국·시·구비로 설치하는 관악구 공공시설의 태양광은 올해 설치중인 곳을 포함해 총 22개소에 378kw가 설치되었다. 지난 2009년 처음으로 설치되고 작년에 증설된 관악구민종합체육센터(95kW)를 포함한 체육시설 2곳, 관악구 종합청사(20kW)를 포함한 공공청사 5곳, 구립어린이집 6곳, 구립도서관·청소년시설 4곳, 주차장·공중화장실·관리동 3곳 등 22개소이다. 그러나 관악구에는 21개 동주민센터가 있고, 구립어린이집도 올해 하반기에 신설되는 곳까지 66개소이며, 구립경로당도 100곳이 넘는 등 관내 공공시설 규모와 비교해 신재생에너지 태양광 설치가 22개소에 불과한 것은 너무 적은 수치라고 할 수 밖에 없다.

2016년도 관악구의 미니태양광 설치실적도 전체 25개 자치구 중 15위를 차지하고 있어 중간 정도라 할 수 있는데 결코 만족스럽지 않은 순위다.

관악구 봉천동 선봉어린이집에 설치된 태양광 발전소

　서울시에서는 미니태양광 보급확대를 위해 가구당 지원금을 2016년도 30만원에서 올해는 41만 5천원으로 대폭 인상한 바 있다. 올해 관악구 차원에서 미니태양광 설치를 독려하기 위해 예산을 편성해 가구당 10만원을 지원하고 있다는 점은 고무적인 일이라 할 수 있다. 아직도 관악구의 공공시설 옥상에는 태양광을 설치할 공간이 많이 남아 있다. 에너지 생산도시 관악구를 만들기 위해서는 공공의 노력만으로는 부족하고, 관악구민도 적극 참여해야 더욱 더 큰 효과를 볼 수 있다는 점에서 미니태양광 보급사업은 보다 속도를 내야 할 것 같다. 또한 협동조합을 비롯한 민간사업자들이 태양광을 설치할 수 있도록 지원해야 관악구의 에너지 자립도가 높아지지 않을까?

·박준희의 관악정情담

관악구에서 미세먼지 저감과 에너지 자립도를 높일 수 있는 방안을 고민하던 차에 요즘 내가 관심 있게 지켜보는 것 중의 하나가 연료전지다.

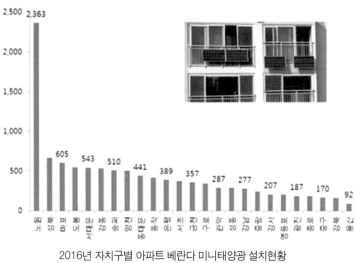

2016년 자치구별 아파트 베란다 미니태양광 설치현황

연료전지는 꿩먹고 알먹기

누구나 한번쯤 중고등학교 과학시간에 물을 이용한 전기분해 실험을 한 경험이 있을 것이다. 연료전지는 수소와 공기 중의 산소를 이용하여 물의 전기분해의 역반응에 의해 직접 전기를 만들어 내는 것으로 수소연료전지라고 부르기도 한다.

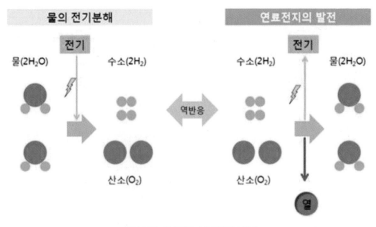

| 물의 전기분해 | | 연료전지의 발전 |

물의 전기분해와 연료전지 발전

연료전지는 전기를 사용하는 장소에서 발전하기 때문에 송전(送電) 과정에서 발생하는 손실이 없고 발전과정에서 발생하는 열을 온수로 사용할 수 있으므로 에너지를 효율적으로 사용할 수 있다는 장점이 있다. 또한, 초미세먼지의 원인이 되고 있는 황산화물, 질소산화물을 거의 배출하지 않는다는 점에서 연료전지 보급이 활성화된다면 꿩 먹고 알 먹는 일이 될 것이다. 그런데, 이렇게 좋다고 하는 연료전지는 아직까지 인기가 있는 것 같지가 않다.

한때 연료전지 시장에서는 발전설비 구축 시 '발전'이라는 단어를 빼고 사업을 추진하라는 웃지 못할 일이 있었다고 한다. 발전소라는 용어만으로 주민과의 갈등이 시작된다는 이유에서다. 실제로 서울시가 양천자원회수시설 부지 내에 지으려

• 박준희의 관악정情담

고 했던 연료전지가 인근 아파트 주민의 거센 반발에 밀려 마포구 상암동 월드컵공원 내에 세워진 것을 보면 단순한 해프닝으로 웃어넘기기에는 왠지 씁쓸한 기분이 든다. 연료전지가 혐오시설이 아님에도 불구하고 서울시가 해당 자치구 및 주민과 협의를 제대로 하지 않고 무리하게 일을 추진하는 바람에 주민 반발만 부추기는 결과를 초래한 셈이다. 상암동 월드컵공원 내에 올해 3월에 준공된 20MW급 노을연료전지는 마포구 가정 28퍼센트에 전기를 공급하고, 9천여 세대에 난방열 공급이 가능하다고 하는데, 그때 만약 준공식에 참석하지 않았다면 연료전지에 대해서는 많이 고민하지는 못했을 것이라고 솔직하게 고백한다.

서울시연료전지 현황과 추진계획

연번	설치위치	사업자	용량 (MW)	추진현황
1	노원자원회수시설	포스코E&E	2.4	2009년 준공
2	고덕차량기지	고덕그린에너지	20 (40)	2015년 준공 (20MW 증설 추진)
3	노을공원	노을그린에너지	20	'17. 1. 1. 가동개시
4	강동연료전지	SK E&S (자체사업)	39.6	'16. 11. 발전사업 허가
5	서남물재생센터	두산건설(주)	30	'16. 11. 우선 협상대상자선정
6	암사아리수정수센터	미정	20	협의중
7	모란차량기지	미정	20	협의중
8	양천공영버스차고지	미정	5	검토중

서울시는 오는 2020년까지 연료전지를 295MW 공급할 계획이라고 하는데 이는 건물이나 가정용 연료전지에 대한 보급이 아니라 상업용 발전시설에만 편중되어 있다는 점에서 한계가 있지만, 에너지 생산을 통해 서울의 에너지 자립도를 높일 수 있다는 점에서는 바람직한 것이라 생각한다.

노을연료전지 전경

현재 시중에서 가장 많이 유통되고 있는 1kW급 가정용 연료전지 가격은 2,700만 원 정도로 정부에서 보조금 2,275만 원을 지원받아도 425만 원 가량을 본인이 부담해야 하는데 일반 가정에서 설치하기에는 꽤 부담스러운 수준이다. 일본 도쿄 (Tokyo)의 경우 가정용 연료전지 에네팜(Ene-Farm), エネファーム를 2020년까지 15만대, 2030년까지 100만대 보급을 목표로 정

• 박준희의 관악정♥담

책을 추진하고 있으며 설치비가 1,500만 원대로 훨씬 저렴하다. 가정용 연료전지분야에서는 각종 보조금제도와 연료전지 전용 가스요금제 등의 정책이 뒷받침하고 있는 일본의 에네팜(Ene-Farm)이 누적보급 20만대를 넘어서면서 성공사례로 주목받고 있다.

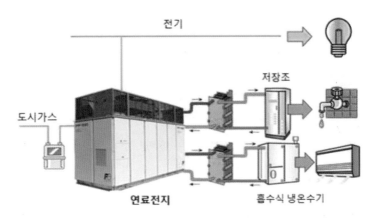

연료전지는 전기와 열을 함께 만들어 내므로 효율이 높다

그렇다고 이것을 서울시나 관악구에 그대로 적용할 수 없다는 것이 안타까운 점이다. 그 원인은 크게 두 가지를 들 수 있는데, 첫 번째는 전기요금으로 한전으로부터 공급받는 전기요금이 연료전지를 사용해서 생산하는 전기가격에 비해 저렴하다는 것이다. 두 번째는 열에 관한 것이다. 연료전지는 전기와 열을 함께 만들어 내는데, 일본은 가정에서 목욕문화가 발달

되어 있어서 여름철에도 열을 가지고 물을 덥히는 데 사용할 수 있지만 우리나라는 여름철이면 열을 그대로 버려야 하는 단점이 있다. 그래서 집집마다 연료전지를 설치하는 것은 우리 실정에는 맞지 않는다는 것이다. 우리 환경수자원위원회에서는 현재 2017년도 입법정책 연구과제로 미세먼지 저감과 에너지자립도 향상을 위한 연료전지 용역을 진행하고 있다. 여기에 자문위원으로 있는 전문가들과의 토론을 거쳐서 다시 생각한 것이 건물형 연료전지이다.

관악구를 건물형 연료전지의 메카로

가정용 연료전지가 우리 현실에 잘 맞지 않다고 하면서 왜 건물형 연료전지를 이야기하는가? 라고 의문을 제기하는 분들도 있다. 잘 아시는 것처럼 관악에는 아직도 공동주택보다는 단독주택의 비율이 높고 개별 주택에서의 에너지 소비량은 많지가 않다. 그래서 경제성이 떨어지는 것이다. 그렇다면 에너지를 많이 소비하는 다가구 건물을 한꺼번에 묶어 구성한다면 가능하지 않을까라는 것이 전문가들의 생각이다. 이것이 이른바 스케일 업(scale up) 효과라고 하는 것이다.

2015년도 서울시에서 작성한 에너지다소비 건물지도에 따르면 관악구에서 건물형 연료전지를 보급할 수 있는 에너지를 많이 사용하는 건물이 있는 지역은 그나마 봉천동과 신림동으로 나타났다.

중앙정부나 서울시와의 협조하에 이곳에 건물형 연료전지를 공급한다면 모범사례가 될 수 있다고 보는데 남들이 가려고 하지 않을 때 첫발을 과감히 내딛는 용기가 필요하다.

지금까지 서울시의 대기오염문제의 대책은 당장에 눈에 보이는 미세먼지를 중심으로 추진되어 왔다. 그러나 앞으로는 대기오염과 에너지 문제를 동시에 고려해야 하는 방향으로 그 흐름이 바뀔 수 밖에 없다.

관악구 연료전지 설치 가능 지역

연료전지의 확대보급을 위해서는 아직까지 경제성이라는 큰 장애물이 존재하고 있지만, 초미세먼지 저감과 에너지생산을 동시에 할 수 있는 방법이 될 수 있다면 우리 관악구가 앞장서서 추진할 필요가 있다.

"연료전지를 집집마다 설치하는 것은 우리 실정에는 맞지 않는다.
그러나 공동주택이나 에너지 다소비 건물 단위로 묶어 연료전지를 도입한다면 미세먼지 저감과 에너지 생산이라는 두 마리 토끼를 한꺼번에 잡을 수 있는 친환경에너지도시 관악을 만드는데 큰 역할을 할 수 있을 것이라 생각한다. 환경을 생각하지 않는 미래는 불투명하다.
연료전지는 새로운 사회 트렌드를 탈바꿈하는 데 매우 중요하다."

7장

경전철 시대, 약속을 지키다

교통 낙후지의 반전

우리 관악구는 다른 자치구에 비해서 교통 환경이 매우 열악한 대표적인 지역이다. 일례로 바로 옆에 위치한 동작구의 경우만 보더라도 지하철만 5개 노선이 지나가고 있는 반면, 우리 관악구는 지하철 2호선 1개 노선(5개역)만 달랑 지나가고 있다. 이런 이유로 관악구 주민들이 교통환경 개선을 얼마나 염원하는지, 교통이 도시발전에 있어 얼마나 중요한 기능을 수행하는지 잘 이해하고 있다. 실제 관악구는 다른 자치구에 비해서 환경 및 문화적인 측면에서도 낙후되어 있다.

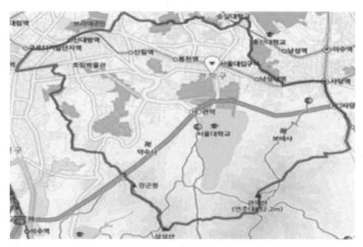

관악구 관내 지하철 노선

나는 시의원으로서 8년동안 의정활동을 하면서 관악구와 서울시 행정을 연계하면서 집중한 쪽이 교통 분야였다. 제8대 서울시의회에 입성해 전반기 교통위원회 의원으로 활동하면서 처음 추진한 1호 사업이 신림사거리, 봉천사거리 횡단보도 설치였다. 구의원 시절부터 절치부심 노력했지만 구의원으로서는 한계가 있어 추진이 불가능하였다. 나는 시의원이 되자마자 이 문제를 해결하기 위해 기존 차량 중심의 정책을 보행이동권 중심으로 전환하는 데 집중했다. 물론 집중한 만큼 성과도 얻었다. 아래 사진의 사각형을 중심으로 설치된 횡단보도는 내 의정활동의 자부심이기도 하다.

신림사거리

경전철의 염원 전하며 종횡무진!

서울시는 세계가 부러워하는 거미줄처럼 연결된 지하철 노선체계를 가지고 있음에도 불구하고 우리 관악구는 이러한 혜택을 크게 누리지 못하고 있다. 이러한 현실에서 관악구의 교통문제 해결을 위해서 가장 비중을 둔 것은 바로 경전철 도입이었다. 경전철은 기존의 지하철과 같은 중전철과는 반대되는 가벼운 전기철도라는 개념으로 지하철과 대중버스의 중간 정도 수송능력을 갖추고 있고, 고무차륜을 사용하기 때문에 진동이나 소음이 나지 않아 복잡한 도시에 잘 어울리는 대중교통수단이라 할 수 있다. 특히, 경전철은 기본적으로 지하철이 운행되지 않거나 버스 이용이 불편한 교통 소외지역 해소를 위해 계획되지만, 교통 환경의 개선뿐만 아니라 지역 주민들의 복지는 물론 역세권 개발, 새로운 인구 유입 등으로 지역경제 또한 활성화될 수 있다. 그런 점에서 경전철 건설이 발표된 지역은 교통편의 증진과 함께 지역발전의 기틀이 마련되면서 전체적으로는 서울의 도시경쟁력 향상과 균형발전에도 기여할 수 있을 것이다.

이와 같이 나는 지역발전을 위해 우리 관악구 주민들이 신림선 경전철 조기 추진을 얼마나 염원하는지 잘 알고 있기에 2010년 제8대 서울시의원에 당선되자마자 첫 상임위원회로 교통위원회를 선택했다. 의원들은 보통 전반기 후반기를 나누어 2년이 지나면 상임위원회를 바꾸지만 경전철 조기 추진을 바라는 관악구 주민들의 의견을 반영하여 어떻게든 임기 내에 가시적인 성과를 이뤄내기 위해서 후반기에도 교통위원회에 남아 의정활동을 계속하였다. 특히, 2012년부터는 교통위원회 소속의원으로 '서울시 경전철 조속 추진 특별위원회'에서도 활동하면서 신림선, 서부선, 난곡선의 경전철 계획 확정을 위하여 노력해 왔다고 자부하고 있다. 물론 경전철 도입은 쉽지 않았다. 많은 난관도 있었고 추진도 더디게 진행되었다. 박원순 시장이 2012년 경전철 사업에 대해 재검토 움직임을 보이자 이미 국가에서 타당성 조사를 통해 도시철도 기본계획을 승인한 상태에서 재검토는 적절하지 않다고 질타하기도 했다. 의정부, 용인, 김해 경전철 등 다른 지자체의 사례로 인해 혈세 먹는 하마 꼬리표가 붙었던 경전철이었지만 기존 경전철과 달리 신림선의 경우는 교통수요와 사업성이 충분하였기에 소신을 굽히지 않았고, 교통위원회 및 특별위원회 업무보고, 시정질문 등을 통해 신림선 추진 사항을 지속적으로 챙겨왔다.

"예산 자체를 보면 신림선 경전철은 2011년도에는 아무 진척이 없을 것 같다. 일을 하겠다는 것이냐" (2010.12.22 교통위원회 업무보고)

"경전철사업의 경우 5~6년, 10년, 길게는 십 몇 년까지 걸리는 데 제8대 의회가 시작돼서 몇 개월이 되지도 않았는데 본부장이 또 바뀌고 국장이 또 바뀌었다. 이래서야 업무의 연속성을 가직고 잘 하실지 모르겠다." (2011.2.24 교통위원회 업무보고)

"본 위원이 교통위원회에서 의정활동을 하게 된 이유도 지금까지 펼쳐왔던 서울시정 방향 특히 교통정책이 몇 개 구에 편중된 문제를 바로잡기 위해서였다. 경전철 정책이 박원순 시장 들어오고 나서 방향이 바뀌었느냐? 추진되고 있던 정책과 사업이 시장이 바뀐다고 해서 흔들려서 되겠느냐. 우리 서울시 행정이 연속성과 계속성을 가지고 확실히 밀고 나가야 한다." (2011.10.26 교통위원회 업무보고)

"서울시가 연말에 착공하겠다고 계획을 잡았으면 거기에 발 맞춰 사전절
차가 이루어져야 하고, 국비를 확보하는 과정에 전력투구를 해야 하는데
후속작업도 하지 않고 있다." (2011.12.2 교통위원회 업무보고)

"크게 보면 서울시 도시철도 기본계획은 2008년도에 이미 추진이 된 것
이고, 이것은 계속해서 미루지 말고 추진이 되어야 한다. 용역을 빌미로
해서 모든 것이 중단되어 버린다면 이것은 문제가 있는 것 아니냐."
(2013.2.14 특별위원회 업무보고)

"철도서비스 취약지역에 대한 교통복지를 증진시키는 것은 물론이고 지
역발전을 위해서도 최적의 방안이다. 서울시가 경전철 건설계획을 발표
해 놓고 이를 지키지 않으면 서울시 정책에 대한 신뢰도를 떨어뜨릴 뿐
만 아니라 많은 주민의 지지를 받고 있는 박원순 시장님의 신뢰도에도
크게 영향을 미칠 수 있다." (2013.8.29 본회의 시정질문)

  나는 2010년 시의원이 된 이래 지속적으로 담당부서인 도시
교통본부와 시장을 압박하여 경전철 정책이 제대로 추진될 수
있도록 노력했고, 2006년 지하철 소외지역인 관악구를 관통하
는 신림선 도시철도 민간투자사업 사업제안서가 제출 된지 약
10년 만인 2015년 9월에 감격적인 기공식을 가졌다.

• 박준희의 관악정情담 •

신림선 경전철 기공식

기공식 이후에도 1년 넘게 사전절차가 진행되었고, 2017년 1월 지장물(한전, 체신 등) 철거가 진행되면서 2월이 되어서야 본격적으로 공사가 시작되었다.

올해 8월 현재 차량기지, 정거장 및 환기구 가시설 공사가 추진 중에 있으며, 2022년 개통(샛강역~서울대 앞 11정거장 총 7.76km 구간)을 목표로 하고 있다.

관악구에서는 신림선뿐만 아니라 서울대입구까지 서부선 경전철 노선을 연장하는 것도 중요한 관심사였다. 당초 서부선 경전철은 은평구 새절역에서 출발하여 여의도역을 거쳐 장승배기역까지 오는 것으로 계획되었다. 지하철 2호선 서울대입구역은 하루 평균 지하철과 버스(셔틀버스 포함)간 환승객 수가 서울시 지하철역 가운데 신림역 다음으로 많은 것으로 알려져 왔다. 장승배기역에서 서울대입구역까지 서부선 노선연장이 확정되기까지 지난 수년간 지속적으로 업무보고 질의와 시정질문을 통해 서부선 연장의 당위성을 피력해 왔다.

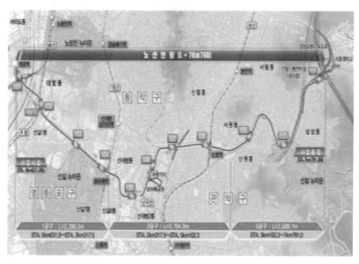

신림선 경전철 노선도

"우리 관악에서는 분명히 신림선 서울대부터 다시 시작해서 봉천사거리를 거쳐 장승배기로 연결하는 서부선으로 연결해 달라고 구청에서도 굉장히 그런 제안을 많이 했고 주민들도 그런 제안을 많이 했음에도 불구하고 그 부분은 배제됐거든요. 그런 부분에 있어서는 한번 검토해 주십사 하는 부탁을 드리고 싶습니다." (2010.8.11 교통위원회 업무보고)

• 박준희의 관악정傳담

"서부선 연장 건에 대해서도 다시 확인해 보니까 본 위원이 생각할 때는 지난번에 이인근 본부장께서 답변하셔서 타당성조사라도 해 보려고 움직인 줄 알았더니 5년 주기로 해서 2012년이나 2013년에 검토가 될 것이다, 이렇게 말씀하시면 곤란한 거죠. 또 난곡도 분명히 그때 당시에 본부장께서 발언하면서 분명히 그곳은 지하로 해서 하는 것으로 타당성조사를 의뢰하겠다고 발언하시고는 국장님 지금 와서는 이렇게 답변하시면 곤란한 거죠. 다시 한 번 반복해서 말씀드리지만, 강조해서 말씀드리고 반복해서 말씀드리지만 본 위원 생각은 신림선과 난곡과 이어지는 부분, 그다음에 서부선 장승배기에서 서울대까지 같이 가는 부분이 같이 동시에 순환되어서 건설됨으로써 관악의 교통문제가 확실하게 해결될 수 있도록 적극적으로 힘써 주시기를 부탁드리겠습니다."
(2010.10.13 교통위원회 업무보고)

"신림선하고 서부선하고 순환시켜서 돌면 얼마나 좋겠습니까?"
(2010.10.14 교통위원회 업무보고)

"본 위원이 계속 주장하지만 지금 서부선이 장승배기에서 끝나거든요. 그것이 우리 관악구청에서도 요구를 했던 부분이고, 지금 신림선 서울대 정문 앞에서 끝난 부분이 순환돼서 봉천사거리로 나가서 장승배기로 연결될 수 있도록…" (2011.2.22 교통위원회 업무보고)

"우리 관악구 쪽의 굉장히 열악한 교통환경을 해소하기 위해서는 지금 서부선은 이미 장승백이에서 끝나 있고, 그 다음에 신림선은 서울대에서 끝나있는데 서울대에서 끝난 부분을 이쪽의 장승백이로 다시 연결하여 순환시키는 것을 관악구청이 몇 년 전에 제안을 했었고, 지금 지하철 기본계획이 행안부에서 10년 단위로 되어 있고 5년마다 그것을 수정제안을 하는데 2008년도에 이것을 수정했기 때문에 2013년도나 가야 바뀐다는 그런 논리였다가 본부장님이 오시고 나서 다시 한 번 이것을 적극적으로 검토를 해 보시겠다고 하시더니 업무보고에는 없어서 다시 한 번 말씀을 드리고요. 그 다음에 본 위원이 제안하고 있는 민간업체들, 다시 말하면 고려개발이라든지 이런 데에도 여러 가지 타진을 제가 개인적으로 해 봤어요. 역시 B/C 문제를 이야기 하더라고요. 그러면 문제가 그렇게 돼서 1 이하로 돼가지고 도저히 사업제안이 어렵다고 이야기 한다면 2013년도에도 행정환경이 달라지지 않는 한 똑같은 것 아니냐, 그 점에 대해서는 어떻게 생각하시는지 그 방향들을 말씀해 주시기 바랍니다."
(2011.4.25 교통위원회 업무보고)

"수년 전부터 유력한 대안으로 논의 중인 노선이 장승배기에서 서울대에 이르는 서부선 연장노선입니다. 서울시 서부선 연장을 포함해서 서울시의 교통환경을 획기적으로 개선할 수 있는 교통프로젝트 추진과 서울시 도시철도기본계획 변경 준비에 최선을 다해 주시기를 바랍니다."
(2011.6.21 본회의 시정질문)

"시정질문을 통해서 서부선 연장 건에 대해 시장님 답변은 검토를 철저하게 해 보겠다고 말씀하셨는데 지금 추진상황이 어떻게 진행되고 있나요?" (2011.9.2 교통위원회 업무보고)

• 박준희의 관악정書담

"도시철도기본계획이 2008년도에 수립된 이후에 5년을 주기로 다시하기 때문에 본 위원이 본회의장에서도 분명 주장을 했고 상임위에서 누차 주장한 바인데, 이번 기본계획 용역수행 과정에서 장승배기에서 끝나는 서부선 연장절차는 반드시 포함시켜 달라는 주문을 드립니다. 아시겠죠?" (2012.2.14 교통위원회 업무보고)

"시의원 되자마자 주장하고 계속해서 요구했던 것이 서부선 연장이거든요. 그러니까 신림선이 들어가서 서울대 앞에서 다시 돌아서 장승배기에서 끝나버린 그 부분까지 연결을 해 줘야… 지금까지 교통환경에 있어서 관악구나 금천이 굉장히 소외된 지역이었어요. 또 이야기하지만 이웃 동작만 보더라도 5개 노선이 지나가요. 우리 관악, 금천은 2호선 한 개 노선으로 교통편차가 엄청나게 심해요. 이런 부분들을 감안하셔서, 그래서 지금 교통본부에도 서부선 연장안, 그래서 순환시키는 안을 도시철도기본계획상에 포함시켜서 올해 하시겠다고 답변을 받았거든요."

(2012.2.17 교통위원회 업무보고)

"지금 말씀하신 도시철도기본계획이 10년 단위로 이루어지는 상황 속에서 5년마다 상황도 보충적으로 수정하는 그런 상황이라서 그게 2013년도에 반영되기 때문에 2012년도에는 그것을 수정하기 위한 용역을 한다고 봐야 되겠죠. 본 위원이 그것을 여쭤본 것이 아니고 적어도 지금 그것하고는 별개로 이미 진행되고 있는 우이선, 신림선, 동북선, 서부선 그런 계획에 변동이 있느냐는 거예요. 없잖아요? 없는데 지금 9호선 그러면 그 문제가 발생하고 나서 또 변동이 있나요?"

(2012.6.21 교통위원회 업무보고)

"본 위원은 누차 다시 후반기에도 이 교통상임위를 한 이유가 있다고 했지요. 경전철 때문에 하고 있는 거예요. 신림선이 서울대까지 들어가고 거기를 돌아 서부선하고 연결시켜 주라고 오세훈 시장 때부터 시정질문까지 하면서 분명히 요구를 했고, 그래서 내년도에 그 수정안에 반영을 한번 시켜보겠다고 하는데 모르겠습니다. 과업을 주면서 서부선 연장선에 대해서도 타당성을 검사하라고 했는지, 했어요?"

(2012.9.5 교통위원회 업무보고)

서부선 경전철 노선도

서부선 노선연장에 대한 지속적인 관심과 노력 덕분으로 2013년 7월 서울시 도시철도종합발전방안의 일환으로 장승배기~서울대입구역(4㎞) 연장 노선이 확정되었고, 2015년 6월 30일 국토교통부에서 노선연장을 최종 승인한 바 있다.

올해 2월에는 서부선 경전철 주간사인 두산건설로부터 서부선 사업제안서가 서울시에 접수됨으로써 사업 추진에 청신호가 켜졌다. 서부선 연장으로 서울대입구역과 환승이 되면 환승 수요를 분산시켜 일대의 교통혼잡이 상당부분 줄어들 수 있고, 오전 시간대 시속 20㎞/h대에 머물러 있는 남부순환로~관악로~신림로 등 교통체증도 상당부분 해소될 것으로 기대된다. 또한, 봉천동과 상도동 지역의 대규모 주택재개발 완료 이후 급격히 늘어난 교통수요 증가에 효율적으로 대처할 수 있고 여의도와 신촌 및 서울 서북권으로의 접근성도 훨씬 좋아질 것이다.

강남순환도시고속도로와 신봉터널

그동안 관악구는 사통팔달의 입지적인 장점에도 불구하고 관악로와 남부순환도로, 복개천로가 교차하는 봉천사거리~서울대입구역 사거리는 상습 정체로 인해 고통을 받아왔다.

나는 관악구 주민들의 이러한 고통과 불편이 어느 정도인지 잘 알고 있기 때문에 강남순환(고속)도로의 안정적이고 조속한 추진을 위해 예산확보에 만전을 기울여 온 결과 지난해 7월 드디어 개통의 기쁨을 맛볼 수 있었다. 강남순환도로 남부구간은 관악산공원과 서울대, 주거지역 등을 통과하게 되는데 이로써 관악의 교통체증은 상당부분 해소될 전망이다.

강남순환도로 노선

시의회에 와서 보니 지역을 발전시키려면 예산이 있어야 하겠다 싶어 초선으로 제8대 후반기 예산결산특별위원회 위원장에 도전해 당선되었다. 약 30조 원의 예산을 총괄하면서 지지부진하던 신림~봉천 간 터널(신봉터널) 공사 등의 사업에 힘을 실을 수 있었다. 2017년 7월 현재 공정률은 18% 수준으로

2024년 신봉터널이 완공되어 개통되면 2016년 기 개통한 강남 순환도로와 연계하여 서울시 서남부 지역에 동서방향의 간선 도로가 확충됨에 따라 극심한 정체를 일으키고 있는 남부순환로의 교통량이 분산되게 된다. 교통량 분산으로 남부순환로 안양교~사당I.C 구간 통행시간이 약 30분 단축되고, 서울 강서·양천·구로·영등포·관악구 주민들은 강남순환도시고속도로의 이용이 용이해져서 통행시간·차량운행비·환경비용 등이 절감될 것이다.

신봉터널 노선

신림선과 서부선(연장) 경전철 건설로 도시철도 중심의 교통망이 확보되고 여기에 강남순환도로와 신봉터널이 개통되면 관악구의 교통환경은 크게 개선될 것이다. 교통 낙후지역에서 명실상부한 사통팔달 명소로 변모되어 지역균형 발전을 도모하고, 주민들의 삶의 질을 높일 수 있도록 신림선·서부선 경전철과 신봉터널 공사가 마무리되는 그날까지 나는 꼼꼼하게 챙겨볼 작정이다.

"나는 시의원이 된 이래 지속적으로 담당부서인 도시교통본부와 시장을 압박하여 경전철 정책이 제대로 추진될 수 있도록 노력했고, 2006년 지하철 소외지역인 관악구를 관통하는 신림선 도시철도 민간투자사업 사업제안서가 제출된지 약 10년 만인 2015년 9월에 감격적인 기공식을 가졌다."

8장

쓰레기처리 광역화, 미룰 수 없는 과제

나는 관악구 구의원이었던 2000년도에 동국대학교 대학원에서 폐기물 분야, 그중에서도 생활쓰레기의 재활용에 대하여 석사과정에서 공부할 기회가 있었다. 그것을 계기로 구의원이나 시의원으로서 의정활동을 할 때 쓰레기문제에 대해서만큼은 많은 애착을 가지고 고민을 해오고 있다. 그때나 지금이나 우리나라에서 쓰레기의 수거, 운반, 처리와 재활용 등에 관련된 것은 모두 시·군·구와 같은 기초자치단체가 담당하도록 법에 규정되어 있다. 그런데 서울시와 같은 대도시에서 쓰레기 처리문제는 개별 자치구에서 해결하기 어렵다는 사실 또한 예나 지금이나 변함이 없는 것 같다.

지난 2015년 6월 28일 서울시, 경기도, 인천시가 2016년도말 사용 종료하기로 한 수도권매립지를 약 10년간 더 사용하기로 합의하는데 성공하였다.

사실 수도권매립지는 적어도 2044년까지는 사용할 수 있는데 이는 쓰레기종량제 실시로 시민들의 분리수거 재활용이 활성화되면서 쓰레기 반입량이 크게 줄어든 덕분이라 할 수 있다. 그러나 연장 승인권이 인천시에 있고, 해당지역 주민들의 반대도 극심한지라 기간연장을 결정하기까지는 어려움이 참 많았다.

수도권매립지 주변지역 주민들께서 겪고 계시는 고통은 충분히 공감하지만 기간연장은 불가피한 선택이었음을 이해해 주셨으면 하는 것이 서울시민을 비롯한 여러분들의 바램이라 할 수 있다.

자원회수시설 공동이용

서울시 자료에 따르면 2015년도 기준 하루에 발생하는 생활폐기물은 2,964톤인데 자원회수시설에서 2,218톤은 소각 처리되고, 719톤은 수도권매립지로, 26톤 정도는 재활용되는 것으로 나타났다. 수도권매립지로 들어가는 생활쓰레기가 하루에

• 박준희의 관악정情담

719톤 정도 되는데 생활쓰레기 발생량을 줄이고, 재활용도 높이고, 소각시설을 늘려서 적어도 쓰레기 형태로 직접 매립지에 들어가지 않도록 하는 자원순환정책을 서울시가 보다 적극적으로 추진해야 한다는 내용이 합의문에 포함되어 있다는 점에서 감량화에 대한 서울시의 적극적인 노력을 주문하고 있다.

수도권매립지 전경

서울시 생활폐기물 감량목표

구 분	2014	2016	2017	2018
매립 및 소각량(톤/일) (감량률)	3,088	2,931 (5.1퍼센트)	2,779 (10퍼센트)	2,470 (20퍼센트)

이와 같은 서울시의 노력과 함께 우리 환경수자원위원회에서도 수도권매립지 주변지역 주민들의 환경개선을 위한 기금 예산편성에도 최대한 협조할 계획이다. 당장 10년간의 추가사

용연장에 합의하여 급한 불은 껐지만 생활폐기물 매립부지 사용을 둘러싼 갈등은 언제 폭발할지 모르는 시한폭탄이다.

수도권매립지 사용기간연장이전에 서울시에서는 자치구간 자원회수시설의 공동이용을 둘러싸고 많은 갈등이 있었다. 1995년도 종량제를 실시하면서, 서울시에서는 자원회수시설을 자치구당 1개씩 건설하는 것으로 정책 방향을 잡았었다.

그러나, 시설 후보지 주민들의 민원발생으로 인해 마포구자원회수시설을 마지막으로 더 이상 건설하지 못하고 4곳의 자원회수시설에서 22개구에서 발생하는 생활폐기물을 처리하고 있고, 일부는 수도권매립지에 매립처분하고 있다.

구분	양천	노원	강남	마포
공동이용 (22개자치구)	양천, 강서, 영등포 (3개)	노원, 중랑, 성북, 강북, 도봉, 동대문(6개)	강남, 성동, 광진, 동작, 서초, 송파, 강동, 관악(8개)	마포, 종로, 중구, 용산, 서대문 (5개)

서울시 자원회수시설 공동이용 현황

또한, 광명시, 양주시, 이천시에서 운영하고 있는 자원회수 시설에 은평구나, 강동구의 생활폐기물이 일부 반입되어 처리 되고 있다. 광명자원회수시설의 경우는 서울시와 광명시가 자원회수시설과 하수처리시설을 서로 공동이용 하기로 처음 부터 협약을 맺었기 때문에 상대적으로 큰 문제는 없었지만, 양주시나 이천시의 경우는 해당지역 주민과 자치단체의 적극 적인 협조 덕분에 가능했다는 점에서 부러울 따름이다.

수도권지역 자치단체 자원회수시설 공동이용 현황

자치구	시설명	용량(톤/일)	반입량(톤/일)
구로구	광명자원회수시설	300	150
은평구	양주자원회수시설	200	80
강동구	이천자원회수시설	300	50

관악구도 자원회수시설 공동이용에 적극적으로 나서야

관악구의 경우 하루에 130톤 정도의 생활폐기물이 발생하고 있는데, 이중 40톤은 강남자원회수시설에서 처리하고 있으나, 나머지 90톤은 수도권매립지로 보내 처리하고 있다. 관악구는 자체처리시설을 가지고 있지 않기 때문에 서울시가 자원회수 시설을 추가로 만들지 않는다면 생활쓰레기 발생량을 줄이고 재활용을 늘리는 것 이외에는 뚜렷한 방법이 없다. 그렇다고 이대로 손을 놓고 있을 수많는 없는 일이다. 서울시는 부천시

자원회수시설의 증설과 관련하여 강서구에서 발생하는 생활폐기물을 처리하기 위한 협의를 하고 있는 것으로 알고 있다. 이것이 잘 추진된다면 현재 양천자원회수시설에서 처리되는 강서구의 생활쓰레기는 부천시 자원회수시설에서 처리할 수 있게 된다. 이럴 경우 양천자원회수시설에 여유가 생기게 되는데, 관악구에서 수도권매립지로 가던 생활쓰레기 90톤 중의 일부라도 양천자원회수시설에서 처리할 수 있다면 더욱 더 효율적인 운영이 될 수 있지 않을까라는 생각이 든다.

또한, 자원회수시설별 가동률을 살펴보면, 노원자원회수시설의 가동률이 다른 지역에 비해 낮은 것으로 나타나고 있는데, 성동구에서 강남자원회수시설로 들어오는 양을 노원자원회수시설로 돌리게 된다면 관악구 생활폐기물을 일부라도 반입할 수 있는 여유가 생길 수 있다. 이것은 관악구 출신 시의원으로서의 바램이기도 하지만, 합리적인 조정안이 될 수 있다는 점에서 해당지역 주민지원협의체와 자치구에 다양한 방법으로 설득해 나가야 할 사항이라 할 수 있다.

음식물쓰레기 대폭 줄여야

음식물쓰레기 처리 또한 서울시 뿐 만 아니라 자치구에서도 골칫거리중의 하나로 남아 있다. 서울시에서는 2015년도 하루 3,065톤의 음식물쓰레기가 발생하였다. 이렇게 발생된 음식물쓰레기의 서울시내 소재 공공처리시설 5개소와 각 자치구별로 계약한 35개의 민간처리시설에서 처리되고 있다.

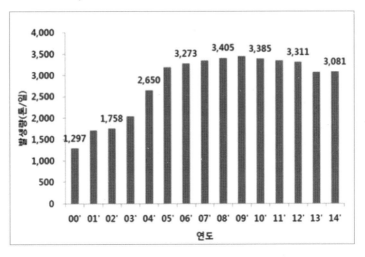

음식물쓰레기 발생량 변동 추세

음식물쓰레기 공공처리시설 현황   (단위:톤/일)

시설명	시설용량	처리량	공동이용	비고
계	1,385	1,032	12개 자치구	
강 동	360	332	성동, 광진, 은평, 강남, 강동	
동대문	98	92	동대문	
송 파	450	266	중구, 성동, 동작, 강남, 송파	
도 봉	150	96	도봉	
서대문	300	246	종로, 은평, 마포, 서대문	고양시

그런데, 문제는 발생량의 32퍼센트에 달하는 1,032톤을 공공시설에서 처리하고, 나머지 68퍼센트에 달하는 2,133톤은 경기도, 충청도, 인천광역시 등에 소재한 민간시설에서 처리하고 있다는 점이다. 관악구의 경우에도 2016년도 하루 115톤 정도의 음식물쓰레기가 발생하였는데 서울시 공공처리시설 1곳과 지방에 있는 3곳의 민간처리시설에서 처리하였고 여기에 들어간 비용만 36억 3천만 원에 이른다. 이는 전년도 44억원에 비해 대폭 줄어들었다고 해서 기뻐했는데, 나중에 알고 보니 발생량이 줄어든 게 아니라 업체간 과당경쟁으로 처리단가가 낮아졌기 때문이라고 하니 사정이 변하면 언제든지 늘어날 수 있는 시한폭탄을 안고 있는 것과 마찬가지인 셈이다.

생활쓰레기도 마찬가지지만 음식물쓰레기를 줄이지 않는다면 해결책을 찾기가 어려운 것이 쓰레기 문제라 할 수 있다.

제7대 경기도의회에서는 2008년 10월부터 2010년 6월말까지 "주민기피시설대책특별위원회"를 구성하여 서울시로부터 반입되는 음식물쓰레기에 대한 관리감독 및 대책마련을 위해 활동한 바 있다. 이러한 사례에 비추어 볼 때, 향후 서울시에서 반입되는 음식물쓰레기에 대한 감시감독이 더 강화될 여지가 있고 이를 둘러싼 자치구와 민간위탁시설이 소재하고 있는 지방자치단체와의 갈등이 증폭될 것으로 예상된다.

이에 대응하기 위해서는 서울시내에 음식물쓰레기 공공처

리시설을 추가로 설치하여 운영할 필요가 있는데, 현실은 그렇게 녹녹하지 않다.

서울시에서는 2018년까지 음식물쓰레기의 발생량을 줄이는 한편 공공처리시설을 확충하여 자체처리비율을 95퍼센트까지 높이는 계획을 발표한 바 있다.

은평구(100톤/일), 성동구(300톤/일), 강서구(300톤/일), 마포구(200톤/일), 중랑구(100톤/일) 등이 자체적인 음식물쓰레기 처리시설 건설을 계획하였으나 어찌된 일인지 더 이상 진척되지 못하고 있다.

아마도 음식물쓰레기 처리시설의 입지를 둘러싼 민원발생을 우려한 구청장의 소극적인 태도와 함께 지방선거를 염두에 두고 있다는 점 등이 그 원인이 되지 않을까 싶다. 그러나 '폐기물의 발생지 처리' 원칙은 앞으로 더욱 강화될 것으로 전망되는데 자치구에서도 음식물쓰레기 자체처리시설 건설이 어렵다고 하더라도 최소한 공동처리시설 건설을 언제까지나 외면할 수는 없을 것이라 생각된다.

적환장도 폐기물처리시설인데…

각 자치구에서 생활폐기물이나 음식물쓰레기를 처리하기

위해서는 수집운반이 먼저 이루어 져야 한다. 자치구에서 발생되는 생활폐기물은 주로 2.5톤 차량으로 수거되며 적환장에서 11톤 차량에 옮겨 싣고 자원회수시설이나 매립지로 운송된다.

생활쓰레기 및 음식물쓰레기 수거운반 차량

음식물쓰레기의 경우에도 2.5톤 정도의 소형차량으로 수거되며 적환장에서 11~25톤 차량으로 옮겨 싣고 처리시설로 운송하여 처리된다. 또한 가로청소물, 불법투기물, 전자폐기물, 폐가구류 등의 후속처리를 위해 사전선별이 필요한 폐기물을 적환장에 반입하여 재활용 가능품, 소각대상물, 매립대상물로 분리한 후 각 처리시설로 운송하는 등의 역할을 톡톡히 하고 있다.

이처럼 적환장은 폐기물을 수집 분리·선별 후 반출하는 자원순환 중계기지로서 폐기물 처리의 중요한 역할을 담당하고 있다.

현재 자치구에서 운영중인 생활폐기물 적환장은 45개소인

• 박준희의 관악정책담

데 대부분의 시설들은 시설 보완이 필요함에도 불구하고 적환장은 재활용 선별장과는 달리 폐기물처리 시설로 분류되지 않고 있어 국고보조금이나 서울시에서 예산을 지원받지 못하는 것이 현실이다. 그렇다보니 시설이 오래되고 악취발생 등으로 인해 시설개선이나 이전요구 민원이 발생하고 있어 자치구에서 골머리를 썩고 있다.

광역 적환장 건설도 쉽지가 않아

보라매 공원 남쪽에 가면 관악클린센터와 보라매 적환장이 있다. 이 시설은 1990년대부터 운영되어 왔는데 총면적은 1만 2천여 제곱미터로 축구장의 약 2배 정도 된다. 적환장은 자치구별로 사용 면적이 다른데 관악구 적환장은 8천여 제곱미터이며 동작구 적환장은 3천여 제곱미터이다. 적환장 부지는 두 자치구의 행정구역에 교묘하게 걸쳐 있다. 행정구역상 동작구가 60퍼센트, 관악구가 40퍼센트를 차지하는데 부지는 서울시와 정부가 소유하고 있다.

이곳에서 처리되는 동작구 쓰레기의 양은 하루 평균 40톤, 관악구는 230톤으로 동작구의 6배 수준이다. 관악구 적환장에는 관악구 21개 동에서 발생한 쓰레기가 전부 모여 처리되었지만, 동작구 적환장은 신대방동과 상도동 등 7개 동에서 수거한 쓰레기만 처리되고 있다.

관악구클린센터와 동작구 보라매 적환장

지난 2014년 적환장에서는 큰 갈등이 빚어졌다. 동작구 주민들이 적환장에서 나오는 악취와 소음 때문에 못 살겠다며 시위에 나선 것이다. 관악구와 동작구, 주민들은 적환장 환경 개선과 이전을 합의했고 소동이 일단락되었다.

당사자간의 합의로 작성된 협약서에 따라 관악구는 13억7천만 원 정도의 예산을 들여 스티로폼 감용기 철거와 음식물쓰레기 반입금지, 주변 시설 개선 등 주민들의 불편을 줄이기 위한 조치를 이어왔다. 그러나, 문제는 올해 말까지로 합의된 완전 이전‼

이전 비용만 수백억 원이 들고 대체부지도 마땅히 없어 난항

• 박준희의 관악정情담

을 겪고 있다. 관악구가 홀로 쓸 적환장을 만들면 관악구 예산으로만 사업이 이뤄져야 하는데 재정자립도 20.6퍼센트로 서울시 25개 자치구 중 22위, 한 해 가용예산이 60억 원 수준인 관악구로서는 턱도 없는 이야기다. 앞에서도 이야기하였지만, 적환장은 폐기물처리시설로 인정되지 않고 있기 때문에 국고보조나 시비지원을 받을 수도 없다는 점에서 더욱 곤혹스러운 상황이다.

서울시에서도 관악구 내에 이전이 가능한 남현동 부지에 대하여 연구용역을 통해 타당성 검토를 수행하였지만, 이전하기에는 적합하지 않은 것으로 나타났다.

적환장 입지여건 분석결과

구분		평가결과			비고
		지하	지상+지하	지상	
남현동	입지기술적 조건(40점)	28.0	28.0	28.0	
	경제적 조건(30)	18.0	18.0	18.0	
	환경사회적 조건(30)	21.0	25.0	29.0	
	합계	67.0	71.0	75.0	
현부지	입지기술적 조건(40점)	37.0	40.0	40.0	
	경제적 조건(30)	24.0	24.0	24.0	
	환경사회적 조건(30)	26.0	22.0	18.0	
	합계	87.0	86.0	82.0	

적환장 문제에 있어서 관악구가 자체적으로 할 수 있는 부분

이 사실 거의 없다는 것이 답답할 따름이다. 땅이 있어서 폐기물종합처리장을 만들 공간이 있으면 좋은데 관악구는 거의 공원 녹지로 묶여 있어서 그런 땅이 없으니 말이다.

자원회수시설, 음식물쓰레기처리시설, 적환장, 재활용품 선별시설 등은 모두 폐기물업무와 관련된 내용들이고, 현행 폐기물관리법에서 모두 자치구가 담당해야 하는 고유사무로 정해져 있다. 그렇지만, 서울시가 이것을 개별 자치단체에 모든 책임을 떠넘기고 지켜보는 것만은 아니고 상위법령 개정을 요청하는 등 나름대로의 노력을 하고 있다는 것도 알고 있다.

서울시와 25개 자치구가 폐기물처리시설 광역화에 대한 보다 적극적인 논의를 해야할 때가 바로 지금이 아닐까?

"생활쓰레기나 음식물쓰레기는
개별 자치구차원에서 해결할 수 있는
사안이 아님에도 불구하고
법에서는 기초자치단체의 고유사무로
규정하고 있다.
쓰레기처리에 사용되는 예산의
급증은 자치구의 재정상황을 더욱
더 악화시켜 다른 분야에서
구민들에게 돌아가야 하는 혜택이
줄어든다는 점에서광역처리시설은
반드시 필요하다."

9장

신림동 고시촌의 새로운 희망

도심 철거민의 이주정착지에서 고시의 메카로!

"배우고 때때로 익히면 또한 기쁘지 아니한가(學而時習之不亦說乎)"라는 공자님 말씀이 가장 잘 어울리는 관악구는 어느 지역보다 학구열이 높다. 전국 각지의 인재들이 집결한 상아탑의 최고봉인 서울대가 있는 곳이기도 하고, 사법고시의 도전장을 쥐고 칠전팔기의 각오로 몰려온 고시생들이 형성한 고시촌이 있는 곳이기 때문이다.

서울 관악산 기슭에 자리 잡은 신림동은 1960년대 후반에는 도심 철거민의 이주정착지였다. 그러나 1975년 서울대 캠퍼스가 옮겨온 뒤 하숙촌이 되었고 학원과 고시준비생이 몰려오면서 고시촌으로 자리 잡았다. 1980년대에는 서울대의 관악세대라고 불리는 학생 운동가들이 등장하여 독재정권 퇴진과 민주화운동에 앞장섰던 곳이기도 했으며, 사법고시를 통해 법조인을 대거 선발하던 1990년대부터는 전국의 고시생들이 신림동으로 모여들면서 신림동 고시촌은 전성기를 맞이하였다.

신림동 고시촌은 앞은 도림천이, 뒤에는 관악산이 자리하고 있어 '개천의 용'이 나오는 명당으로 불리며 고시생들이 모여들었고, 1963년 사법시험 제도가 처음 도입된 이래로 지금까지 200만여 명의 고시생이 신림동을 거쳐 갔고, 이들을 대상으로 한 고시원·학원·독서실·음식점·서점·복사집 등 고시 관련 업종이 생겨나고 번창하면서 신림동 고시촌은 명실상부한 고시의 메카로 자리 매김해 왔다.

로스쿨 도입과 사법고시의 폐지로 활기 잃은 고시촌

고시촌은 청춘을 저당 잡히더라도 꿈, 출세, 명예를 돌려받겠다는 젊은이들의 한판 승부처로써 주머니 사정이 가벼운 대학생들과 고시생들에게 값싼 술집과 밥집을 제공해 주었고, 고시 학원, 고시 독서실, 고시 서점 등이 얽혀 활력과 생기를 가진 고시촌 특유의 문화를 만들어 오면서 2000년대 초반까지도 이들 덕분에 호황을 누렸다.

그러나 2008년 로스쿨 제도가 도입되고 사법고시 준비생들이 빠져나가면서, 불과 몇 해 전만해도 사법시험 준비생만도 5만 여명에 이를 정도로 성황을 이뤘던 이곳은 '고시원 주민'의 수가 1만 5000~2만 여명으로 크게 줄어들고, 학원, 고시원, 음식점 등 관련 업종들 모두 크게 위축되고 있는 상태이다. 한때 사시 준비생이 수 천여 명에 이를 정도로 유명했던 모 고시학원은 요즘 문을 닫을 형편에 처해 있고, 고시 준비생들이 이용하는 원룸들도 50~60%의 입실률을 채우기가 힘든 형편이다. 이렇듯 신림동 고시촌은 고시학원 · 독서실 · 고시원 · 식당 · 부동산 중개업소 등 관련 업계가 모두 깊은 수렁에 빠져침체 일로를 걷고 있다.

신림동 고시촌 골목

로스쿨 제도 도입과 사법고시 준비생들의 대거 이탈로 지역 경제의 주축을 이루었던 고시생과 관련되었던 상업시설이 줄어들어 그에 따른 일자리 감소, 건물공실률의 증가 등 지역경제가 침체되고 균열이 발생한 부분을 민간 지역경제에만 맡겨 둘 수는 없는 일이 되었다. 지금이야말로 서울대학교와 신림역, 서울대입구역 등의 입지조건을 적극 활용하여 급격히 쇠퇴해 가는 신림동 고시촌 지역의 경제·문화에 새로운 재생에너지를 불어넣어야 한다. 이들 지역의 유동인구와 청년인구가 전국 최상위권에 드는 만큼 청년들의 일자리와 주거문제에 최대의 관심을 기울이는 정책이 필요하다.

신림동 창업밸리! 청년드림센터 건립

나는 현재 관악구에서 추진하고 있는 청년드림센터 건립이 이곳 고시촌에 다시 활력을 불어 넣어 줄 것이라고 기대한다. 아직까지 관악구는 전국적으로 1인 가구 비율이 가장 높은 것은 물론 전체 인구 중 20~30대 청년들이 38%를 차지하는 전국 최고의 청년도시라고 할 수 있다. 이러한 특성에 맞춰 청년들의 창업과 문화공간인 '청년드림센터'를 이곳 고시촌 구289 버스차고지에 건립하는 것이다.

청년드림센터의 지상1층은 일자리카페, 라운지, 청년문화예술마켓, 갤러리, 팝업쇼룸, 교육실, 인포메이션, 통합지원센터를, 지상2층은 창업보육센터, 코워킹사무실, 공유서가 등을, 지상3층은 코워킹 사무실 등으로 구성된다.

청년드림센터의 목적은 다양한 청년들이 모여 상호 경험을 공유·협력하는 열린 공간을 조성하고 청년들이 필요한 공간과 프로그램을 직접 만들고 운영해 나갈 수 있도록 하며 청년들의 문화수요를 충족하게 하고 자립과 성장의 활동공간으로 제공되도록 하여, 신림동 고시촌 지역 재생 프로젝트와 연계하여 지역과 청년 커뮤니티 및 생산 활동의 중심적 역할을 수행하게 하는 것이다.

청년드림센터를 통해 고시촌과 지역 재생, 청년 활력공간을 제공함으로써 청년 문제 해결의 기반을 마련하고 청년과 지역 간의 상호작용을 통한 새로운 지역 문화를 조성하고 서울대, 고시촌 지역뿐만 아니라, 서울의 서남권 지역의 청년들이 함께 소통할 수 있는 장으로 만들어 쇠퇴하고 낙후되어 가고 있는 신림동 고시촌에 새로운 활력을 불어넣고, 관악구를 비롯한 서남권 청년들의 일자리와 삶의 구심점으로 만들어야 할 것이다.

낙성대 벤처밸리조성으로 구로구 G밸리와 시너지 효과

　서울대학교는 대한민국의 최고의 지성들이 모여 있는 대표적인 상아탑이자 신림동 고시촌 지역의 핵심자산이다. 대학가 및 고시촌으로 유명한 이곳은 오래 전부터 서울대학교로부터 많은 영향을 받으며 형성, 발전해 왔다. 그러므로 고시촌 재활성화를 위한 원동력 역시 서울대학교와의 관계 속에서 찾는 것이 자연스럽고 효과적일 것이다. 서울대의 풍부한 인적, 물적, 지적 자원과 동력을 공공재원과 결합하여 대학과 지역사회를 아우르는 지속 가능한 창조가로의 기반을 마련하여 일자리를 창출하고 도시의 활력을 증진시켜야 한다.

　서울대학교가 대학로에서 관악시대로 옮겨온 지 40년이 지난 지금까지도 서울대의 우수한 인재들을 비롯한 물적, 지적 자원을 지역과 연계하여 제대로 활용하지 못한 점과 서울대의 재학생의 상당수가 이 지역에 주소를 갖고 있지 않으며, 졸업 후 대부분 신림동 지역에 취업 및 주거 등의 삶의 터전을 마련하지 못하고 지역에 기여하는 일이 드물다는 것은 매우 안타까운 일이다.

　구로구의 G밸리 산업단지처럼 관악구에도 서울대학교를 중심으로 하는 낙성대 벤처밸리를 구축하여 청년창업인프라를 구축하여 잠만 자고 떠나는 곳이 아니라 졸업해서도 이곳에 머물면서 일하고 창업하는 환경을 조성해 주어야 한다.

낙성대 벤처밸리가 활성화되어 구로의 G밸리와 함께 성장하는 모습을 기대한다.

서울대의 인적·지적자원과 고시촌의 지역자원을 활용하여 '일터'이자 '놀터'로서 청년창업을 지원하고 청년활동의 거점을 조성해 줄 것이며 서울대생에게 활력 넘치는 대학가를 제공하고 지역주민들에게는 서울대의 인적 자원과의 네트워킹을 형성하여 청년창업의 장을 마련해 줄 것이다.

낙성대의 벤처밸리 조성사업으로 인해 고시촌은 고시공부, 공무원 시험 등을 준비하는 지역이라는 틀에서 벗어나 창조적인 아이디어를 만들어 낼 수 있는 곳으로 탈바꿈할 수 있을 것이다. 또한 서울대의 주거시설이 새롭게 들어서면 지역에 거주하는 젊은 층 인구가 획기적으로 늘어나고 안정적으로 유지되는 효과가 있을 것이고, 공실률이 높고 건물 가치가 하락하여 유지관리 및 처분이 어려웠던 원룸과 고시원 건물들은 서울대학교 기숙사로 매매 또는 장기 임대함으로써 대규모 자금과 공사 없이도 지역의 부동산 문제를 효과적으로 해결할 수 있을 것으로 보인다. 새로운 거주자들에게 고시촌은 소비와 유흥의 장소가 아니라 자신들이 생활하는 터전이므로 새로운 거주자들로 인한 상권 재활성화 효과는 유흥시설에만 그치지 않고 상점과 식당, 까페 등 생활 상권 전반으로 확산될 수 있을 것이다.

주거시설과 함께 설치되는 다양한 서울대학교의 부대시설 및 프로그램을 지역 주민들이 함께 향유함으로써 고시촌의 교육문화 환경의 수준이 높아질 것이며, 서울대학교 또한 관악 캠퍼스 내 공간 및 시설 부족 문제를 해결하고, 지역에 밀착한 연구 및 교육의 토대를 마련하며, 비교적 저렴한 비용으로 양호한 학생거주시설을 확보하는 등 다양한 이점을 얻을 수 있을 것이다.

고시촌, 관악구의 새로운 주거형태로

고시 덕에 믿기지 않을 정도로 부풀어 올랐고, 로스쿨 때문에 거짓말처럼 사그라진 고시촌, 사법고시 준비생들이 급감하여 고시 관련 산업이 쇠퇴하고 그 여파로 지역경제가 침체되고 활기를 잃은 신림동 고시촌은 언제까지 고시촌일 수만은 없다. 지난날의 번영과 명성은 새로운 시대의 동력으로 나아가는 흐름을 방해해서는 안 된다. 최근 신림동에서는 공동화하는 고시촌을 활성화하기 위한 여러 가지 문화사업이 진행 중이다. 관악구 문화체육과는 2013년 9월부터 '스토리텔링 작가클럽하우스' 프로젝트를 운영하고 있다. 관악구에서는 공연, 미술 등 퍼포먼스 중심의 문화예술 부분을 제외한 작가나 감독, 프로듀서, 출판업자 등 스토리텔링 산업종사자 7명에게 작업공간을 마련해줬다. 약정한 기간 내의 작품 생산능력을 보고 입주를 연장하는 식이다. 이밖에도 입주작가가 참여하는 주민참여형 '극단 고시촌' 운영, 지역주민 대상 영상문화강좌 등 주민들의 문화생활 기회도 확대하고 있다. 또한 단편영화 전문 상영관도 생겼고, '고시촌 단편영화제' 도 지난해 2회째를 맞았다.

증가하는 공실률을 위한 대책도 마련되어야 할 것이다. 이를 위해 노후 주거환경 재생사업과 소외계층 주거지원사업을 하는 선랩(SUNLAB)이 이에 동참하여 신림동 고시촌 내 고시원을 정기임대하여 공유 주거공간 및 커뮤니티 공간인 '쉐어어스 (SHARE-US)를 만들었다.

'쉐어어스' 는 공유 주거공간과 커뮤니티 공간으로 나뉜다. 공유 주거공간은 화장실·샤워실·거실·공부방·주방·발코니 등을 공유하는 '유닛(UNIT)' 으로 이뤄진다. 총 19실의 1+1인, 2인, 3인, 6인 등 4가지 유닛 중 선택할 수 있다. 입주기간은 6개월 단위다. 6개의 커뮤니티 공간은 입주자뿐 아니라 지역 주민도 함께 이용할 수 있다. 다양한 방식의 커뮤니티 공간은 유료로 운영된다. 1층은 공유 부엌과 오픈 카페, 학습·작업공간, 지역정보 및 생활 서비스(택배 수취, 공구 대여, 비상약 공급 등)를 제공하는 공간으로 구성된다. 2~4층에는 1인가구를 위한 다양한 형태의 모임공간과 미디어 공간이 들어선다. 이 뿐만 아니라 유럽의 사회 관계망의 회복 방법으로 생겨난 공동체 주택의 도입도 고시촌의 대학생, 청년근로자, 여성1인 가구 등 주거 취약계층의 주거문화 정착 및 확산을 위해 시도해 볼 만한 일이다.

함께사는 나눔공간

또한 최근에 쇠락해가는 고시촌에 새로운 변화의 바람이 포착되는데 겉모습이 빠르게 변하는 것과 별개로 최근 고시촌 거주 인구는 거의 그대로다. 서울시 통계에 따르면 대학동 인구는 2012~2015년까지 2만3000명 수준을 꾸준히 유지하고 있다. 고시생들이 비운 자리를 7 · 9급 공무원시험이나 경찰시험을 준비하는 '공시생' 들이 대체하고 있고, 주거비가 싼 직장인들이나 신혼부부들이 모여들고 있는 것이다. 변화하는 고시촌의 환경에 주목하여 신혼부부들의 보금자리 주택이나 생활 안정화를 위한 부동산정책을 추진할 필요가 있다.

고시촌의 역사문화의 거리로 거듭나기

앞에서도 언급한 것처럼 1980년대부터 고시촌은 서울대 학생 운동가들이 녹두거리를 중심으로 군사독재와 반민주주의에 항거하던 집회와 시위가 있던 역사를 가지고 있다. 당시 정부이념에 반대되는 인문사회과학 서적들을 팔았던 서점도 있다. 관악구 마을 관광사업추진단의 '관악, 민주주의의 길을 걷다'라는 주제를 걸고 고시촌 일대의 박종철 열사 골목을 비롯하여 민주서점 등 역사의 현장을 돌아볼 수 있는 관광코스 조성과 전시관, 민주학교 등 민주주의 체험프로그램 등의 개발계획은 청춘의 고뇌가 담겨진 골목길도 좋은 역사문화관광의 컨텐츠로써 가치가 있으므로 개발을 시도해 볼 일이다.

이에 더불어 사라져가는 고시촌의 명소나 풍경을 담아 기념관을 만들거나, 애환의 54년의 사법시험의 역사를 담은 박물관이나 관악구의 사법변천사를 편찬해 관광코스로 추가하는 일도 고려해 봄직한 일일 것이다.

또한 서울대학교, 신림역, 여의도 샛강역까지 이어지는 노선으로 고시촌 일대의 불편한 교통상황을 해결할 신림선 경전철에 대하여 기존의 정해진 노선 중 2개를 더 늘려서 고시촌역, 미림여고입구역도 추가할 수 있도록 추진하는 것도 지역의 재산 가치를 늘리고 복잡한 교통문제로 이곳에 진입하기 어려웠던 이들이나 떠나려하는 이들을 붙잡는 좋은 방안이 되고 역세권 개발로 지역경제에 크게 도움이 될 것이다.

신림동 및 대학동 고시촌은 청년 장기실업과 공무원 취업준비 대상자들이 모여 있어 20~30대 및 1인 가구가 많은 것이 특징이므로 우울증 및 스트레스에 노출되기가 쉽다. 건강하고 활력 넘치는 도시를 만들기 위해서는 이들이 무기력에서 벗어나고 자존감을 회복하여 삶의 의미를 찾는데 도움을 주어야 한다. 따라서 심리상담 및 집단프로그램인 '고시촌마음 건강지킴' 등의 사업이 잘 추진되어 사회생활에 안정감과 용기를 가질 수 있도록 하여야 할 것이다.

이처럼 많은 정책과 사업들을 차질 없이 추진하고 실행해 나가는 데에는 많은 어려움과 역경이 있을 수 있을 것이다. 소통이 안돼서 어려우면 들을 것이고, 설득이 안돼서 어려우면 말할 것이다. 더 나은 살기 좋은 고시촌, 관악을 만들기 위해서 초심을 잃지 않고 행복한 마음으로 오늘도 한 걸음 한 걸음 목표를 향해서 걸어갈 것이다.

신림동 고시촌은
개천에서 용이 될 수 있는
꿈을 꿀 수 있는 곳이었다.
흙수저가 금수저로
거듭날 수 있는
곳이기도 했다
그러나 이제는 청년들에게
새로운 희망을
불어 넣는 곳으로
변신해야 한다.
그래야지만 관악의
미래도 있는 것이다.

10장

먹는 물 선택의 시대, 구민에게 그 진실을 알린다

정수기물 과연 안전한가?

얼마 전 국내 굴지의 정수기 업체의 얼음정수기에서 발암물
질인 중금속 니켈이 검출되어 시민에게 큰 충격을 안겨줬다.
나중에 알려진 사실이지만, 이 회사는 1년 전부터 이 사실을
알고 있었음에도 소비자 몰래 해당 제품을 교체해온 것으로
드러났다. 실망감이 이만저만 아니다. 시민의 건강과 직결되
는 물을 이토록 허투루 관리하고, 자신들의 허물을 덮으려고
소비자의 건강을 위협했다는 게 믿어지지 않는데 정수기 업체
의 모럴헤저드에 아연실색할 따름이다.

언론에 보도된 정수기에서 중금속 유출 사건

　이는 결국 무엇을 말하는가? 국민건강을 책임진다고 하는 업체가 수질을 제대로 관리하지 못하고 있다는 말이다. 정수기의 경우 렌탈이기는 하지만 분명히 기기를 관리하는 비용이 포함되어 있음에도 불구하고 안전하게 관리하지 않고 있다는 것이 이번 정수기 파동에서 나타난 문제점이다.

　서울시 수돗물평가위원회가 2010년부터 2014년까지 외부 공인 수질검사 기관에 수돗물과 정수기물에 대해 수질검사를 진행한 결과 일부 정수기물에서 일반세균이 나오고, pH(수소이온농도)가 수질기준에 부적합한 것으로 드러났다. 정수기물이 광고에서 나오는 것처럼 결코 안전하지만은 않다는 것이다. 이에 비해 수돗물은 모두 수질기준에 적합했다.

　문제는 여기서 그치지 않는다. 시중에 판매되는 정수기 중

• **박준희**의 관악정情담

상당수에 해당하는 '역삼투압식 정수기'는 우리 몸에 필요한 미네랄도 걸러내는 것으로 나타났다. 미네랄은 칼륨과 칼슘, 마그네슘 등 무기물을 총칭하는 것으로, 우리 몸에 꼭 필요한 5대 영양소 중 하나다. 특히 성장기 아이에게 꼭 필요한 영양소이다. 서울의 수돗물 아리수에는 이 미네랄이 적정하게 균형을 이룬 채 녹아 있다. 그런데 역삼투압식 정수기가 이 미네랄을 없애는 것이다.

서울시 수돗물평가위원회가 실시한 수질검사 결과를 보면, 평균적으로 칼륨의 경우 아리수에는 2.4mg/L가 들어있지만 역삼투압식 정수기에는 0.2mg/L만 있었다. 칼슘도 아리수는 19.9mg/L가 있었지만 정수기에는 겨우 1.3mg/L만 있었을 뿐이다.

이렇듯 정수기물은 수돗물보다 더 안전하다고 말할 수도 없을뿐더러 외려 건강에 좋지 않은 물을 만들어낸다는 점에서 시민 건강에 그리 좋지 않은 물이라 할 수 있다. 그럼에도 불구하고 많은 사람들은 습관적으로 정수기를 집에 들여놓고 사용하고 있으며 정수기를 필수 가전제품처럼 여긴다. 사람들은 집에 꼭 정수기 하나는 있어야 할 것처럼 생각하고, 정수기를 렌탈로 들여놓는다. 그 덕에 대기업, 중소기업 가리지 않고 많은 기업이 정수기 시장에 뛰어들었다. 특히 이번에 문제가 된 업체는 렌탈 정수기를 통해 정수기 시장에서 업계 선두가 되기도 했다. 물론 정수기 자체도 진화를 거듭하고 있다는 점은 부인하지는 않는다. 최근에는 물을 저장하지 않는 '직수 정수기' 라는 것을 개발하여 드라마나 영화속에서 간접광고 또는 직접적인 광고를 통해 대대적으로 홍보하고 있다. 그러나 정수기에 사용하는 물은 이미 서울시가 만들어낸 깨끗한 아리수이다.

수돗물에 대한 편견에는 역사가 있다

우리나라는 지질학적으로 볼 때 수량이 풍부하고 수질이 좋은 편이다. 3면이 바다인 관계로 질적으로 물맛이 깨끗하게 생성된다. 물 한 모금조차 귀한 아프리카 어느 나라와 달리, 물이 오염된 동남아시아 나라와 달리, 깨끗한 물이 풍부한 축복받은 땅에서 살고 있다는 것만으로 우리는 얼마나 행복한지 모른다. 오죽하면 돈을 물쓰듯이 쓴다는 말이 있을 정도로 물이 충분하다는 이야기이다.

그런데 우리나라 수돗물이 언제부터 불신의 아이콘이 됐을까? 수돗물에 대한 불신이 쌓인 시기는 서울로 사람들이 급속도로 모여 살면서 주택이 밀집되고 세대수가 점점 늘어나고, 공동주택과 아파트가 지은 지 30년이 넘어가면서 자연스럽게 노후화된 수도배관에서 녹물이 나오고 이물질이 나오면서 부터이다.

특히 다세대주택 연립이나 단독주택의 경우 물 사정이 좋지 않았던 때에는 물을 미리 받아두어야 했다.

옥상위에 노란색 물탱크를 설치하고 물을 저장하게 되었고 오랜 시간 담아두니, 햇볕이나 외부 영향으로 물을 먹을 때 냄새가 나고, 마시면서도 왠지 기분이 좋지 않는 느낌을 받을 수밖에 없었다. 끊임없이 단수가 이어졌던 국내 물 산업은 그때가 과도기였다.

상수도 기술이 그리 발전하지 못했던 때에는 수돗물에서 이물질이 나오기도 했고, 공급이 제대로 되지 않아 단수가 되는 일도 빈번했다.

1960~70년대에 이런 일이 많이 발생했는데 지금은 그런 일이 없다. 하지만 시민들의 의식은 아직도 상수도기술이 발전하지 못했던 때에 머물러 있는 경우가 많다.

과거의 경험으로 생긴 편견이, 서울의 상수도 기술이 눈부시게 발전했음에도 불구하고 여전히 강하게 의식을 지배하고 있는 탓이다.

수돗물 불신의 계기가 된 가장 큰 사건은 바로 낙동강 페놀 오염 사건이라 할 수 있다. 1991년 3월 30톤의 페놀원액이 상수원으로 흘러들어 이 물을 원수로 사용한 수돗물을 오염시켰고, 수돗물에서 악취가 난다는 시민들의 신고를 받은 정수장 측에서는 원인을 규명하지도 않은 채 페놀 소독에 사용해서는 안 되는 염소를 다량 투입, 사태를 악화시켰다고 한다.

이로 인해 수돗물에 대한 관심도 높아 졌지만, 불신 또한 커졌다. 이러한 편견이 먹는 샘물과 정수기 시장을 키웠고, 그 결과 아직도 많은 시민들이 수질과 맛 차이가 거의 없는, 오히려 다른 먹는 물보다 더 좋은 수돗물을 놔두고 따로 비용을 들여가며 정수기를 설치하거나 먹는 샘물을 구입해서 먹고 있는 실정이다.

수돗물에 대한 편견은 개선할 수 있을까?

이렇듯 편견의 힘은 세다. 그러나 편견은 편견일 뿐이다. 조금만 열린 마음으로 바라보면, 또 합리적으로 따져보면 수돗물을 놔두고 다른 먹는 물에 비용을 들일 필요가 없다. 다행인 것은 수돗물에 대한 부정적인 의식이 조금씩 변하고 있다는 사실이다. 예전에는 수돗물의 정수과정과 상수원에 대한 불신이 깊었으나 이제는 많은 시민들이 아리수정수센터에서 생산하는 수돗물에 대해서는 신뢰감을 표한다. 많은 시민들이 아리수정수센터에서 수돗물 정수과정을 살펴보고, 페트병에 담긴 '병물 아리수'를 마셔본 경험 덕분이다.

수돗물 아리수 홍보

그럼에도 시민들이 여전히 신뢰하지 못하는 것은 바로 땅속에 묻혀 있는 노후 수도관 때문일 것이다. 땅 속에 매설되어 있고, 노후된 수도관 문제를 부각시킨 일부 언론의 선정적인 보도 때문일 수도 있다. 또 아파트 저수조를 청소할 때 나오는 물을 마치 녹물인 것처럼 생각해서 그럴 수도 있고, 실제 노후된 수도관을 사용하는 가구에서는 그럴 수밖에 없을 것이다.

그러면 실상은 어떨까? 서울시는 1984년부터 2016년까지 서울시 전체 상수도관 13,649km 중 13,339km를 녹이 슬지 않는 수도관으로 교체 완료(97.7%)했고, 나머지도 오는 2020년까지 교체 완료할 계획이다. 또한 개인의 사유재산인 주택내에 있는 노후된 수도관에 대해서도 시민 건강을 고려해 교체 공사비를 최대 80%까지 지원하고 있다. 2016년까지 교체대상 56

만 5천 가구중 30만 5,560 가구를 개량하였고, 나머지 물량에 대해서도 2020년까지 개량을 마무리할 계획이다. 이는 서울시 전체 350만 가구의 9%에 해당한다.

여기에 공동주택 등에 설치되어 있는 저수조를 더욱더 엄격하게 관리하는 한편, 아파트 등에 설치되어 있는 저수조를 거치지 않고 곧바로 수돗물을 공급하는 고층아파트 직결급수도 추진 중이다. 한 마디로 말해 서울시는 정수센터에서 생산한 수돗물이 아무런 이상 없이 각 가정에까지 공급될 수 있도록 수도관 관리를 엄격하게 하고 있는 것이다. 사실 나도 한때는 수돗물을 믿기 힘들었다. 그러나 서울특별시의회 환경수자원위원회 위원장을 맡으면서 생각이 달라졌다. 안전하고 깨끗하게 수돗물을 공급하기 위해 노력하는 수많은 이들의 노고를 알기 때문이다.

수돗물 아리수 홍보

여러 번 이야기 하였지만 수도관을 통해 공급되는 수돗물은 그 자체로 이미 바로 마셔도 되는 '먹는 물' 이다.

서울시는 이미 170개 항목의 수질검사를 통과한 수돗물을 가정에 공급하고 있는데 만약 단 한 가지라도 통과하지 못하면 수돗물을 공급할 수 없다.

또 오존과 입상활성탄이라고 부르는 숯으로 한 번 더 거르는 고도정수처리를 통해 안전성 뿐만 아니라 맛도 향상됐다. 그리고 식품안전경영시스템 국제인증 ISO22000도 획득하였다. 이제 남은 것은 오래된 수도관을 새것으로 교체하고 시민들에게 보다 적극적으로 다가가는 것이 아닐까?

수돗물 아리수 ISO22000 국제인증

먹는 샘물도 제대로 알아야

그렇다면 우리가 흔히 생수라 부르는 '먹는 샘물' 은 안전할까? 누구나 먹는 샘물이 과연 어느 정도 깨끗하고 안전할까라는 의구심이 한번쯤 들었을 것이다.

지난해 한 언론에서는 2011년부터 2015년까지 「먹는물관리법」의 수질기준에 부적합한 먹는 샘물이 36만 8,622리터에 달한다고 보도했다. 문제는 이 중 실제로 회수되거나 폐기된 먹는 샘물은 2만5,233리터에 불과했다. 마시지 말아야 할 물이 유통됐고, 실제로 소비자가 이 물을 모두 마셨다는 얘기다.

수질기준을 초과한 항목은 일반세균, 냄새, 비소, 브롬산염, 총대장균군 등이었다. 회수율이 적었던 이유는, 흔히 우리가 '말통 생수' 라 부르는 먹는 샘물이 기업체 등에 유통됐기 때문이었다.

먹는 샘물 제조업체 위반사항별 적발현황

구분	적발업체수	위반사항별			
		수질기준부적합	표시기준위반	준수사항위반	계
2011	17	20	6	4	30
2012	13	10	1	4	15
2013	16	9	2	9	20
2014	19	10	9	13	32
2015	14	8	4	9	21

• 박준희의 관악정情담

지난 2016년도 국회의원이 환경부로부터 제출받은 자료에 따르면, 지난 5년간 먹는샘물 제조업체 중 수질기준 부적합, 표시기준 위반 등으로 적발된 업체는 79개소, 위반사항 적발 건수는 무려 117건에 달하는 것으로 나타났다. 위반사항별로는 수질기준 부적합이 57건으로 가장 많았고, 다음으로 준수사항 위반 39건, 표시기준 위반 22건 순이었다. 수질기준 부적합의 경우 원수에서 총대장균군, 불소, 비소, 알루미늄 등이 검출되어 적발된 것으로 나타났다.

표시기준 위반의 경우 브롬산염이 검출된 먹는 샘물에 Natural Mineral Water라고 표시하거나 제조일자 거짓표시 등으로 적발된 것으로 나타났으며, 준수사항 위반의 경우 자가 품질검사 미실시, 영업정지 명령 위반, 종업원 건강검진 미실시 등으로 적발된 것으로 나타났다.

먹는 샘물에서 검출된 비소 성분에 관한 언론 보도

일부 업체의 경우 한 해에 수질기준 부적합, 준수사항 위반 등이 여러 건 적발되는 등 먹는샘물 제조업체의 안전불감증이 심각한 것으로 드러났다.

　먹는 샘물의 경우에도 잘 살펴보지 않으면 내 돈주면서 나쁜 물을 사먹는 일이 발생하게 되는 것이다.

수돗물 아리수! 이젠 안심하고 마십시다

　먹는 물만큼 중요한 것은 없다. 모든 질환의 원인 중 가장 큰 부분을 차지하는 것이 물이기 때문이다. 우리 환경수자원위원회에서는 소속 의원 모두가 연 2회 정도 일일 수도사업소장으로 지역 주민들에게 아리수에 대한 홍보를 해오고 있다.

일일 수도사업소장으로 구민들에게 아리수의 우수성 홍보

정수기를 사용하든 생수를 사서 마시든 아니면 아리수를 마시든 판단은 현명한 소비자들의 몫이라는 이야기를 할 수도 있다. 요즘 젊은이들 사이에 쓰는 용어 중 '가성비' 라는 말이 있다.

정수기 물보다 329배, 먹는 샘물보다 1,130배나 싼데다 수질이 뛰어나고, 친환경적이며, 안심할 수 있는 아리수를 선택하는 것은 당연한 것이 아닌가?

이제, 수돗물 아리수에 대한 편견을 버릴 때다.

관악구민 여러분!

서울의 수돗물 아리수 안심하고 드세요.

"정수기를 설치하든
생수를 사서 마시든 아니면
수돗물을 마시든
이는 어디까지나
소비자들의 선택일 수도 있다.
수돗물은 정수기에 뒤지지 않는
물맛과 품질을 자랑한다.
시민들에게 올바른 정보를
신속하게 제공하여 수돗물에
대한 편견을 깨뜨리자!"

11장

남산 케이블카를 통한 공공자산의 가치 찾기

남산 케이블카는 공공의 자산이다

우리나라 국민이라면 대한민국을 상징하는 것을 물었을 때 애국가에 등장하는 동해물과 백두산, 그리고 남산 위의 저 소나무를 쉽게 떠 올리곤 한다. 통일된 대한민국을 이야기할 때는 단연 백두산이겠지만, 의외로 많은 사람들이 애국가의 한 소절인 남산 위의 저 소나무를 우리나라의 상징으로 답을 한다고 한다. 실제로 몇 년 전 서울시가 서울의 상징을 조사한 적이 있었는데 그때도 역시 많은 사람들이 남산의 소나무와 남산의 케이블카를 서울의 상징으로 들었다.

백두산(2,744m)은 우리나라에서 가장 높은 산이기에 그렇게 주목을 받는 것이 당연할 수 있지만, 높이도 넓이도 그리 큰 규모가 아닌 남산(272m)이 이토록 온 국민의 마음 속에 상징으로 자리 잡게 된 이유는 무엇일까? 역사적으로 남산이 주목을 받게 된 것은 조선의 태조 이성계가 도읍을 개성에서 한양(현재 서울)으로 옮기고 나서부터이다. 이전에는 목멱산(木覓山)·종남산(終南山)·인경산(仁慶山 또는 引慶山)·열경산(列慶山)·마뫼 등으로 불리었으나 도성의 남쪽에 위치한다고 하여 남산(南山)이라 불리게 되면서 지명이 되었다.

남산의 명물 케이블카

남산 위의 울창한 소나무가 우리나라를 대표하는 자연환경이었다면 1961년 착공하여 현재까지 운행하고 있는 남산의 케이블카는 근대에 만들어진 명물이라고 할 수 있다. 전후 혼란기와 산업발전기 속에서 별다른 여가활동이 딱히 없었던 시대에 남산 케이블카는 서울사람들에게도 지방사람들에게도 누구나 한번쯤은 타보고 싶어 하는 그런 시설이었다. 이젠 50년도 더 된 오래된 시설이지만, 지금도 서울구경을 온 사람들은 남산 가서 케이블카나 한번 타볼까? 하고 생각하는 사람들이 꽤 많은 것 같다. 그만큼 남산의 케이블카는 전국적으로 널리 알려진 명물이 된 것이다.

남산 케이블카

나는 시의원이 된 후 교통위원회와 도시계획관리위원회를 거쳐 현재 환경수자원위원회에서 의정활동을 하고 있는데 남산의 케이블카는 나와 아주 깊은 인연이 있다. 내가 도시계획관리위원회에서 의정활동을 하고 있던 2014년도 말 남산 곤돌라 설치사업이 추진되면서 도시계획관리위원회에서는 이 사업에 대해 매우 신중하고도 면밀한 검토를 하게 되었다.

당시 '별에서 온 그대' 라는 드라마가 대히트를 기록하면서 주인공 천송이(전지현 분)와 도민준(김수현 분)의 데이트 장소였던 남산에 중국 관광객들이 몰려들어 남산의 정상부는 외국인 관광객들로 넘쳐나게 되었고, 남산 케이블카 또한 몇 미터씩 줄을 서며 기다리는 진풍경이 벌어졌다. 몰려오는 중국 관광객으로 남산뿐만 아니라 당시 명동거리는 여기저기서 들려오는 중국어로 마치 중국거리를 거니는 것 같은 착각이 들 정도였다. 그러나 명동은 오래된 구도심이라 대형관광버스가 주차를 할 주차공간이 턱없이 부족했기에 단체 관광객들이 편안하고 여유롭게 쇼핑할 수 있는 환경은 아니었다. 그래서 명동 상인들은 남산근처에 대형버스 주차장을 조성하는 한편 그 주차장이 입지한 곳에 곤돌라를 설치하여 남산을 보다 빠르고 편안하게 접근할 수 있도록 함으로써 명동일대를 관광과 쇼핑을 연결한 관광명소를 만들고 싶어 했다. 사실 현재 케이블카의 위치는 명동에서 접근하기에 그리 좋은 조건은 아니었기 때문에 명동상인들은 이전에도 여러 차례 명동과 남산을 연결하는 방안을 제안해 왔다.

서울시의 입장에서는 1962년부터 운행을 해온 남산 케이블카가 몇 차례 시설 교체는 있었지만, 50년 이상 된 낡은 시설물인데다 연장이 605m정도 밖에 안 되는 짧은 구간을 운행하고 있어 매력도를 높이는 것에는 한계가 있었기에 명동 상인들의 제안은 매우 설득력이 있었을 것이다.

또한 현재 남산은 몇 개의 근린공원으로 나뉘어져 있는데 원칙적으로 이러한 도시공원[1] 내에는 사유(私有)의 시설이 들어갈 수 없으나, 1961년 착공하여 1962년에 완공된 남산 케이블카의 경우는 당시 법의 소급적용을 받고 있어 현재 서울의 공원 내에 유일하게 남아있는 사유 시설이 되었다. 이 때문에 요금에서부터 서비스 전반에 걸친 많은 사항들에 대해 서울시가 직접 관여하기 어렵다는 점도 새로운 곤돌라 설치 사업을 추진하고자하는 이유가 되었다.

도시계획관리위원회에서 남산곤돌라 설치사업에 대한 보고를 처음 받았을 때 나는 서울의 상징물이자 국민들의 향수를 불러일으키는 시설 중의 하나인 남산 케이블카가 사유재산으로 독점운영 되고 있다는 사실에 매우 큰 충격을 받았다. 1961년 인·허가 당시부터 특혜의 흔적이 있었고, 몇 번의 정권교체에도 아직까지 독점적으로 운영되고 있다는 점에 대해서는 보다 명확하고 구체적인 검토가 필요하다고 생각했다.

나는 남산 케이블카 운영사업 독점운영 및 인·허가 특혜의 혹 규명을 위해 특별위원회 구성을 제안하였고, 2015년 6월 18일 '서울특별시의회 남산 케이블카 운영사업 독점운영 및 인·허가 특혜의혹 규명을 위한 행정사무조사 특별위원회'가 설치되면서 나는 특별위원장으로 선출되었다.

---

1) 도시공원은 크게 생활권공원과 주제공원으로 나뉘며, 생활권공원에는 소공원, 어린이공원, 근린공원, 주제공원에는 역사공원, 문화공원, 수변공원, 묘지공원, 체육공원, 지자체단체의 조례가 정하는 공원 등이 포함된다.

특별위원회에서 밝혀진 남산 케이블카의 민낯

약 1년간 남산 케이블카의 독점운영과 인·허가 특혜규명을 위해 조사를 한 결과, 50년을 넘게 남산 케이블카 사업을 독점해 온 한국삭도공업(주)의 소유지분은 고 한○○씨의 가족(지분 50.9%를 아들, 손자에게 이전)과 한○○씨의 아들로부터 나머지 지분을 매수한 이○○씨와 이씨의 아들(49.1%) 크게 두 가족이 소유하고 있으며 폐쇄적인 '가족기업경영'을 통해 남산이라고 하는 공공자산을 사유화하고 있음이 밝혀졌다.

특별위원회에서는 영업허가권을 서울시로 귀속시키고자 다양한 검토를 하였으나, 당시 궤도사업법(현 궤도운송법)에는 궤도업 면허 허가의 종료기간에 대한 규정이 없었기에 앞으로도 영구히 영업이 가능한 상태였다. 이 점에 대해서는 매우 애석하지만 사업자가 영업권을 포기하거나 양도하지 않는 한 영업을 제한할 수 있는 방법이 없었다.

또한, 사업자는 남산에서 산림청 소유의 토지(약 44만㎡)를 이용하여 독점영업을 하고 있지만, 산림청에 납부하는 토지사용료와 서울시에 납부하는 공원점용료는 5,000만원도 채 되지 않았다. 그런데 한국삭도공업(주)의 재무제표를 입수하여 살펴본 결과는 더욱 더 참담했다. 재무제표에는 오류들이 난무했고, 남산 케이블카 건물에 입점시킨 상가의 임대료는 지나

치게 낮아 도심권 월평균 임대료의 30%도 안되는 수준이었다. 결국 이들은 수입을 낮게 신고하는 수법으로 높은 수익을 올리고 있었지만, 정확히 확인할 길이 없었다. 그런데 더욱 분통 터지는 일은 2009년 21억 3천만원의 시재정으로 남산오르미를 설치하여 한국삭도공업(주)의 수익을 더욱 늘려 준 것이었다.

한때나마 그래도 이런 수혜를 입은 한국삭도공업(주)이 사회를 위해 뭔가 기여를 하지 않았을까? 하는 기대를 가졌었다. 그러나 조사를 하면서 그런 기대는 여지없이 무너졌다. 기부라고 한 곳은 자유총연맹, 민주평화통일자문회의, 대한 당구연맹, 유니세프 등으로 유니세프를 제외하면 주로 그들의 기득권 유지에 필요한 집단이나 운영자의 관심분야가 대부분이었다. 결국 사회에 기여하는 기부라고 하기엔 너무나 속보이고 옹색한 보여주기를 위한 기부였다.

'서울특별시의회 남산 케이블카 운영사업 독점운영 및 인·허가 특혜의혹 규명을 위한 행정사무조사 특별위원회'의 활동에서는 한국삭도공업(주) 독점적, 비윤리적 영업행태 뿐만 아니라 서울특별시의 무책임함도 드러났다.

2005년 12월 삭도·궤도법이 개정되면서 이용객의 안전·편의 증진과 남산의 환경보전 및 주변 교통에 미치는 영향 최소화 등을 위해 사업변경허가시 필요한 조건을 붙일 수 있었음에도 당시 서울시의 주관부서인 교통본부는 2008년 한국삭도공업(주)이 38인승 캐빈에서 48인승 캐빈으로 시설변경허가를 신청했을 때 관계부서인 푸른도시국 및 관계기관인 산림청 등과 충분한 협의 없이 아무런 조건을 달지 않고 사업자의 요구대로 허가해 주었다.

또한 남산 케이블카 운행구간 전부가 남산 제1근린공원에 위치하고 있어 남산 케이블카 사업에 관한 인·허가권은 2009년 4월 궤도운송법 전부개정에 따라 서울시장이 아닌 중구청장임에도 불구하고 서울시는 행정사무조사 시작 당시까지도 이 사실을 인지하지 못한 채 남산 케이블카사업을 곤돌라사업으로 인·허가 변경이 가능한지에 대한 문제에 질의회신을 하는 등 행정권한을 행사하고 있었다. 사실 이 문제는 2009년 4월 「궤도운송법」전부개정 시행 당시 남산 제1근린공원의 관리부서인 푸른도시국과 충분한 협의와 대책 검토가 있어야 했지만, 그런 절차와 과정은 전혀 이루어지지 않았다.

언제나 그렇듯이 공무원은 자기 앞에 현재 부여된 일 외엔 관심이 없다. 그리고 그 자리에서 벗어나면 그때까지 했던 일은 자신의 일이 아니다. 다만, 좋은 성과를 거둔 일만 자신의 업적으로 기억할 뿐…. 나는 구의원을 거쳐 시의원을 하면서 이러한 공무원의 속성을 더욱 잘 알게 되었다. 결국 내가 시의원으로서 역할을 다하기 위해서는 정확하게 살펴보고, 문제제기를 해야 한다고 생각한다. 뒤돌아보지 않는 이들이 중대한 실수를 하지 않도록···.

남산 케이블카가 시민의 품으로 돌아오는 그날까지

나는 케이블카가 이미 설치가 되어 있는 남산에 또 하나의 곤돌라를 개설하는 것에 대해서는 원칙적으로 찬성하지 않는다. 새로운 곤돌라는 연장이 900m 이상이고, 속도도 빨라져서 탑승을 위해 기다리는 시간을 줄일 수 있으며, 접근성도 개선되어 명동과 연계되면 관광 측면에서는 시너지 효과를 낼 수 있다고 한다. 그럼에도 불구하고 외국의 유명 관광지의 곤돌라와 비교해 볼 때 속도가 빨라지면 탑승시간이 줄어들 것이고, 탑승시간이 줄어들면 결국 곤돌라를 타도 남산의 매력적인 모습은 여유 있게 보지 못하고 그저 곤돌라를 타고 빠르게 남산에 올라갔다는 것에 만족해야 할 것이다. "그렇다면 곤돌라는 왜 타야하지? 그저 빠르게 남산에 올라가는 것이 목적이었나?"하는 근본적인 의문에 부딪히게 된다.

또한 빠른 속도로 많은 사람들을 남산의 정상부로 실어 나르게 되면 과연 남산 정상부는 어떻게 될까? 남산 정상부는 어느 정도의 수용력을 가지고 있을까? 왜 이런 문제에 대한 의문은 가지지 않는지 답답하기만 하다. 사람들이 많이 모이게 되면

기본적으로 제공해야할 서비스들이 있는데 그런 부분에 대한 고민은 없는 것 같다. 가령 일정한 면적의 공간에 2,000명이 찾아 올 때와 5,000명이 찾아 올 때 어떤 시설이 더 필요해질까? 적어도 화장실, 휴게실은 분명히 지금보다는 확보해야한다. 하지만, 지금의 남산공원에 이러한 시설을 확보할 만한 공간적 여유가 있을까?

사드배치가 한중관계 속에서 논란이 되면서 그렇게 많았던 중국 관광객이 명동에서도 남산에서도 사라졌다. 물론 중국인이 아예 없다고는 할 수 없지만, 작년까지만 하더라도 북적대던 그런 광경은 볼 수가 없다는 이야기다. 남산 곤돌라를 설치해야 하는 이유가 중국인 관광객 유치였다면 정책결정에 또 하나의 큰 우를 범할 뻔 했다. 중국인 관광객을 위해 시설을 설치했는데 당초의 목표와는 달리 중국인 관광객의 이용은 저조하고, 이로 인해 적자가 난다고 하더라도 이 사업을 추진해온 담당자나 담당부서는 큰 책임을 지지 않을 것이다. 과연 시민의 혈세로 추진하는 사업에 시민은 배제되고, 거기에 사업의 성과마저 형편없다면 시민들은 이런 사실을 긍정적으로 이해할 수 있을까?

다행히 급진적으로 추진하던 남산 곤돌라 사업은 한양도성의 유네스코 등재에의 영향 등을 이유로 백지화되었지만, 곤돌라 사업이 백지화되면서 남산 케이블카 문제는 커다란 숙제로 남게 되었다.

　나는 늘 주민들에게 황소 같은 뚝심으로 일하는 구의원·시의원이라고 말해 왔다. 사실 남산 케이블카의 독점운영을 저지시킬 생각으로 특별위원회까지 구성하여 활동했지만, 원래의 목적을 달성하지는 못했기에 많은 아쉬움을 가지고 있다. 다만, 난 이 문제를 아쉬워하며 이렇게 끝내고 싶지는 않다. 그렇다고 남산 케이블카 운영자를 고사시키기 위해 적자운영이 예상되는 곤돌라를 신규로 설치하면서까지 공공이 시장에 적극 개입하여 조정을 하는 것에 대해서는 아무리 독점운영을 저지하는 것이 중요하다고 할지라도 바람직하지 않다고 생각한다. 현행 법령을 준수하는 것은 물론 시장의 법칙과 흐름도 인정하는 수준에서 남산 케이블카 운영을 공공에서 할 수 있는 방안을 모색해야 할 것이다.

　사실 남산의 케이블카는 매우 특수한 경우라 해결의 실마리를 찾기가 이리도 어려운 것이다. 관악산의 경우를 보면 불법시설물은 도처에 널려 있지만, 이렇게 합법적인 사적 공원시설이 버젓이 공원 내에 남아 있는 경우는 찾아 볼 수가 없다.

　최근 관악구의 경우는 공원 내 불법시설물을 조사하여 철거하는 작업을 대대적으로 해왔다. 산이 많다보니 산림 내 불법시설물들이 산재해 있었고, 불법시설물 철거를 요구하는 민원도 많았다. 대표적으로 2013년에는 시공원인 상도근린공원 내

무허가 건축물인 법륜사를 철거하여 공원으로 복원 조성한 사례가 있다. 1,100평 남짓 되는 면적이 시민의 품으로 돌아오면서 보다 많은 사람들이 그 곳을 더욱 편안하게 이용할 수 있게 되었다.

한국삭도공업(주)은 앞으로도 영구적으로 남산에서 케이블카 사업을 하려고 할 것이다. 그러나 그들의 영업 행태가 보도되면서 정서적으로 국민들의 반감은 상당히 큰 것으로 나타났다. 그래서 나는 다양한 방안을 통해 그들이 일정기간 운영권을 보장받고 스스로 서울의 상징이자 대한민국 근대적 명소의 하나인 남산 케이블카가 공공의 품으로 돌아올 수 있도록 노력할 것이다. 그것이 협상이든 협약이든….

공공의 자산이 사유화되었을 때 많은 사람들이 불편을 겪거나, 공정하지 못한 비용을 지불해야 한다. 결국 남산 케이블카와 같은 사례를 관악에서는 찾아보기 어렵지만, 공공 자산에 대한 가치를 인식할 수 있는 좋은 기회가 되었다.

"남산은 시민들이 함께
공유하는 공공재이다.
더 이상 남산 케이블카가
사기업의 이익을 위해
존재 해서는 안된다.
남산 케이블카가
공공의 품으로
돌아올 수 있도록
시민들의 관심이 필요하다."

12장

내가 꿈꾸는 지방자치

정치가 아니라 소통하는 행정이 필요한 시대

나는 오랫동안 지방자치의 가치 실현을 위해 노력해 왔다. 나에게 있어서 지방자치의 가치는 중앙의 정치에 배속되지 않고 각각의 지방자치단체에 맞는 맞춤 행정서비스를 제공함으로써 더 많은 사람들이 만족하는 삶을 살아 갈 수 있도록 하는 것이다. 그래서 지방자치라는 말보다는 자치행정이라는 말이 더 와 닿는다.

나는 늘 지역 사람들과 소통을 강조하며 작은 일에도 귀를 기울이고 사람들의 이야기를 들으려고 노력했다. 나는 정치가 통치하는 것이 아닌 소통하는 것이라 생각하기에 소통하는 과정을 통해 자치행정을 실현하고자 한다.

　최근 행정의 패러다임이 통치에서 관치를 거쳐 협치 행정으로 발전을 해 왔다. 나는 종종 이 관계를 티셔츠에 비유해 행정의 패러다임을 설명하곤 한다. 이를테면 통치 행정에서는 한 사이즈의 티셔츠를 제공했다면 관치에서는 대·중·소의 사이즈를 제공하고, 협치에서는 사람들의 몸에 맞게 다양한 사이즈를 제공하는 것이다. 몸에 맞는 옷을 입은 사람과 대충 몸에 맞추어 옷을 입은 사람, 몸에 맞지 않은 옷을 입은 사람은 옷맵시부터 시작해서 활동할 때의 편의성 등이 차이가 날 수 밖에 없다.

　나는 사람들의 몸에 잘 맞는 옷을 제공하고 싶었기에 매달 마지막주 화요일 국회의원과 함께하는 종합민원상담실을 운영하며 지역 주민들의 소리를 들어 왔고 지금까지 적극적으로 문제를 해결해 왔다. 종합민원상담실은 지역 주민들과 소통하는 방법의 하나였다.

　사실 나는 관악구청에 민원관련 부서를 신설하여 구청 1층 가장 눈에 띄는 곳에 민원처리실을 만들 것을 꾸준히 제안해 왔다. 서울시청에도 한때 고객만족추진단이라는 부서를 신설하여 민원을 총괄한 적이 있었다. 그러나 애석하게도 어느 순간 고객만족추진단은 공중분해 되어 지금은 어딘가에 흩어져

시민의 민원을 처리하고 있다. 그만큼 시민의 소리를 듣고, 해결해가는 과정은 꽤나 힘들고 고통스러운 업무였음을 짐작할 수 있으나 "힘들다고 해서 안 맞는 옷을 입으라고 할 순 없지 않겠는가?"

자치행정의 시작은 '소통' 이다. 어느 한쪽의 고통을 눈감아 버린 채 소통을 이야기하는 것은 어불성설이다.

주민의 소리에 귀를 기울이는 것은 소통의 첫걸음

마을공동체 회복으로 우리의 삶을 풍요롭게!

서울은 초거대도시로 인구밀도가 높고, 지가는 비싸고, 물가는 높고, 서울에서 살아가는 사람들의 삶은 '바쁨' 으로 대표될 만큼 여유 없는 삶을 살아가는 사람들이 많다.

특히, 관악은 1970년대부터 외곽지역에 배드타운이 형성되면서 가난하고, 생활의 여유를 가질 틈이 없는 사람이 모여들어 살았다. 하지만 그때는 그래도 이웃의 경조사를 챙기고, 음식을 나누어 먹으며 아이들의 장래를 같이 걱정하던 '정'이 남아 있던 시절이었다. 지금은 재개발로 봉천동의 달동네에 고층의 아파트가 빽빽하게 들어섰다.

예전보다는 형편이 나은 사람들이 살고 있지만, 이웃이 누구인지도 모르고, 동네에서 무슨 일이 일어나는지는 관심조차 없다. 사정이 이렇다보니 조그만 일에도 언성을 높이고 싸우기 일쑤며 주변 사람에 대한 배려는 기대하기 어렵다.

예전처럼 마을공동체가 남아있었다면 경험 많은 어르신들이 노련한 솜씨로 싸움을 중재했을 것이고, 아이들은 동네 사람들 속에서 예절을 배우고 익히며 사회성을 길렀을 터이다.

하루 종일 스마트폰을 들여다보는 아이를 혼내는 엄마, 갈곳 없는 어르신은 매일 병원에 왔다 갔다 하고, 일찌감치 젊은 나이에 일 손은 놓은 아빠들은 누가 볼세라 몸을 숨긴다.

요즘 우리 주변에서 흔히 볼 수 있는 풍경이다. 건강하고 건전하게 살아가기 위해서는 아이들은 동네에 모여서 숨바꼭질을 하고, 어르신들은 애정 어린 눈으로 아이들을 지켜보고, 아이들의 엄마들은 모여서 고민을 토로하는 그런 풍경을 회복해야 한다. 그래서 나는 마을공동체의 회복이 사람들의 삶을 풍요롭게 하는 길이라고 생각한다.

이제는 찾아가는 서비스를 해야 할 때

관공서에 설치되어 있는 민원처리실은 어디까지나 움직일 수 있고, 그나마 여유 있는 사람들이 이용할 수 있는 공간이다. 움직이기 어렵고, 하루하루 생활하기 바쁜 사람들은 불편과 억울함을 호소하고 싶어도 관공서를 방문할 수 있는 형편이 안된다. 나는 동단위로 찾아가는 동주민자치센터 이른바 '찾동'의 기능을 더욱 활성화 할 수 있도록 노력하고 있다.

또한 민원콜센터를 설치하여 지역주민들이 문제의 해결을 요청하는 전화를 하면 바로 찾아가는 '찾동 버스'도 운행해 보았으면 한다. 좀 더 편리하게 지역주민의 소리를 듣는 시스템을 갖추자는 것이다.

지역사랑방 확대와 시민위원회 활성화

지역의 사랑방은 또 다른 행정분산형 주민소통 강화 시스템의 하나이다. 지역사랑방을 통해 주민 스스로가 참가하여 문제를 결정할 수 있도록 의사결정권을 부여하여 참여행정시대를 본격적으로 열어보고 싶다.

나는 지역사랑방 확대와 함께 시민위원회의 설치를 꾸준히 제안해 왔다 시민위원회는 협치를 실현하는 출발점이다. 직업, 나이, 고향은 다르지만, 관악구에 살면서 느끼고 겪는 교육, 직장, 학교, 교통, 환경문제, 이웃과 갈등 등의 문제를 시민위원회의 안건으로 상정하여 검토하고 위원들이 해결에 대한 결정을 한다. 지역 사랑방이 비교적 자유롭게 지역의 문제를 공유하고 해결점을 찾아가는 시스템이라면 시민위원회는 문제의 검토과정부터 결정까지 일련의 형식을 갖추어 진행되며, 정해진 수의 위원이 일정기간동안 회부되는 지역민원에 대한 의견을 내놓고, 해결방안을 정리해 가는 시스템이다.

내가 꿈꾸어 온 자치행정은 지역주민이 주인공이며, 무엇보다 그들이 스스로 참여하고 결정하는 시스템을 만들어가는 것이다. 나는 민원해결사라는 별명을 가지고 있지만, 나의 희망은 지역주민과 함께 생각하고, 함께 결정하는 그런 세상에서 살아가는 것이다.

"나는 종종 이 관계를 티셔츠에 비유해 행정의 패러다임을 설명하곤 한다. 이를테면 통치 행정에서는 한 사이즈의 티셔츠를 제공했다면 관치에서는 대·중·소의 사이즈를 제공하고, 협치에서는 사람들의 몸에 맞게 다양한 사이즈를 제공하는 것이다. 몸에 맞는 옷을 입은 사람과 대충 몸에 맞추어 옷을 입은 사람, 몸에 맞지 않은 옷을 입은 사람은 옷맵시부터 시작해서 활동할 때의 편의성 등이 차이가 날 수밖에 없다."

교통 분야

박준희 서울시의회 환수위원장,
관악-은평 잇는 서부선 사업 제안 환영 밝혀

서울시의회 박준희 환경수자원위원장(관악1, 더불어민주당)은 서울시가 서부선 은평구 새절역에서 장승배기역까지를 관악구 서울대입구역까지 연장하는 계획 사업제안서가 서울시에 접수된 것에 대해 환영한다고 13일 밝혔다.

지난 12일, 서부경전철㈜ 주간사인 두산건설은 은평구 새절역-명지대-여의도-장승배기-서울대입구역까지 총연장 16.23㎞, 정거장 16개소를 설치하는 노선으로 서부선 사업제안서를 작성해 시에 제출했다.

당초 서부선은 새절역에서 장승배기역까지 총연장 12.05㎞로 계획됐다. 이후 노선 운영의 효율성 높이기 위해 지난 2013년 서울대입구역까지 연장했다.

서울시 관계자는 교통수단을 이용할 경우 은평구 새절역에서 서울대입구역까지 50분 가량 걸리나 서부선이 완공되면 절반 이하로 단축될 것이라며 서울 어디서나 걸어서 10분 안에 지하철로 이동할 수 있는 철도중심의 대중교통체계가 구축될 수 있도록 하겠다고 말했다.

앞서 박 위원장은 8대 서울시의회 교통위원회 위원과 경전철민간투자사업조속추진지원을위한특별위원회 위원으로 활동하면서 서울시 도시철도망 구축계획을 위해 경전철 사업 추진에 많은 노력을 했다.

박준희 위원장은 "관악구의 고질적인 교통문제 해결을 위해 구민과 함께 노력한 결과, 경전철 신림선이 착공 되고 서부 경전철 사업이 진행될 수 있었다" 며 "관악구 경전철 시대에 앞장서고 기타 지역사업도 꼼꼼히 챙겨 쾌적하고 살기 좋은 관악만들기에 적극 나서겠다" 고 말했다.

2017-02-14 세계타임즈

박준희 시의원, 시내버스 CNG 용기 교체비용 제작사가 지급해야

서울특별시의회 교통위원회 박준희 의원(새정치민주연합, 관악 제1선거구)은 서울시의회 제252회 임시회 기간(2014.4.21.(월)) 중 도시교통본부에 대한 업무보고를 받는 자리에서 서울시가 시내버스 CNG 용기 교체비용으로 시내버스 회사에 약 51억을 지급한 것은 부당하다고 지적하고,

시내버스 제조회사에 이에 대한 구상권을 청구하여 시민 혈세를 낭비하지 않도록 할 것을 촉구하였다.

박준희 의원은 2010년 8월 성동구 행당동에서 발생한 시내버스 CNG 폭발사건 이후 시내버스 업계에서 '05년 이전 출고된 대우버스 475대의 CNG 용기를 교체함에 따라 서울시가 '14.2월 CNG 용기 교체비용과 이자비용으로 약 51억원을 지급한 것은 부당함을 지적한 것이다.

박준희 의원은 2010년 시내버스 CNG 용기 폭발사고는 해당 시내버스 제조회사의 문제인 만큼 서울시가 시내버스 회사에 문제가 있는 CNG 용기 교체를 요구하는 것은 적절한 행정조치였으나 이에 대한 비용을 시내버스 제작회사가 아닌 서울시가 지급한 것은 문제가 있다는 것이다.

박준희 의원은 시내버스 CNG 용기 교체와 관련하여 책임소재를 명확하게 규명하고, 그에 따라 이번 지급한 교체비용에 대해 구상권을 청구하는 등 서울시 예산집행과 시내버스 업체의 관리감독을 더욱 철저하게 수행할 것을 촉구하였다.

마지막으로 최근 우리 국민을 비통에 빠트린 세월호 여객선 침몰사고와 관련하여 박준희 의원은 서울시가 버스, 지하철 등 대중교통 수단의 안전을 보다 철저하게 점검하는데 최선의 노력을 기울일 것을 당부하였다.

2014/04/23 한국시정신문

『서울특별시 택시요금 카드수수료 지원을 위한 조례』 일부개정조례안 발의

서울특별시의회 교통위원회 박준희 위원(민주당, 관악 제1선거구)은 택시이용객이 택시요금을 카드결제 할 경우 서울시가 일정한도 내에서 이에 대한 수수료를 지급해 주고 있으나 조례상의 규정이 모호하여 특정카드에만 지급되고 있는 것으로 오해되고 있는 바, 서울시의 지원 범위를 명확히 함으로써 불필요한 논란을 방지할 수 있도록 『서울특별시 택시요금 카드수수료 지원을 위한 조례』 일부개정조례안을 발의하였다.

박준희 의원에 따르면 서울시는 택시운송사업자들의 경제적 부담 완화와 택시 이용자의 편의 증진을 위해 택시 이용자들이 카드로 요금을 낼 경우 이에 대한 수수료를 예산의 범위내에서 지원하고 있으나 실제 현장에서는 티머니 카드만 지원되는 것으로 오인되는 경우가 많음을 지적하였다.

박준희 의원은 이러한 오해가 발생하는 원인이 카드 수수료 지원 근거인 『서울특별시 택시요금 카드수수료 지원을 위한 조례』의 관련 규정이 명확하지 않음에 따라 발생하고 있음을 지적하고, 실제 모든 카드에 대한 수수료가 지원되는 현실을 반영하여 관련 조문을 명확히 함으로써 카드 수수료 지원과 관련한 불필요한 논란을 해소하기 위해 조례 개정안을 발의하게 되었음을 밝혔다.

이와 함께 현행 조례에는 택시사업을 하기 위해서는 여객자동차 운수사업법령 등에 따라 면허를 받아야함에도 불구하고 현행 조례에서는 이에 대한 관련 규정이 명확하지 않은 점도 개정했다고 밝혔다.

박준희 의원은 이번 조례 개정을 통해서 조례 적용에 따른 실제 현장에서의 불필요한 논란을 방지할 수 있을 것으로 기대하고, 택시업계가 가진 어려움을 인식하여 지속적인 제도 개선이 힘써 나갈 것을 약속하였다. 이번 개정조례안은 서울시의회 제250회 정례회에서 교통위원회의 논의를 거쳐 본회의에서 통과되면 내년 초부터 시행될 예정이다.

2013.11.25. 코리아뉴스

서울도시철도공사, 철저한 자회사 관리감독 필요

서울시의회 박준희 의원은 제250회 정례회 행정사무감사 기간 중 서울도시철도공사 에 대한 행정사무감사(18일~19일)를 받는 자리에서 도시철도공사가 더욱 철저하게 자 회사를 관리감독 해야 할 것을 촉구했다. 박 의원에 따르면 올해 도시철도공사는 자회사인 ㈜도시철도엔지니어링에 대한 감사 를 실시해 총 22건을 지적했고, 이중 ㈜도시철도엔지니어링은 11건을 조치완료했으 며, 9건을 조치 중인 것으로 나타났다.박 의원은 조치 중인 9건의 지적사항 중 자회사인 ㈜도시철도엔지니어링이 예산계획을 수립하지 않고 있고, 예산집행에 관한 통제와 예산결산 이행하지 않았으며, 각 공종별 업무위탁에 대한 설계인원 대비 실제 운영인원을 과도하게 축소 투입했고, 야간 및 휴일 등에 시행하지 못한 7일 검사를 시행한 것으로 공사에 통보하는 등 도시철도공사의 관리감독에 중대한 문제가 있음을 밝혀냈다.

또한 "경정비 업무의 설계인원을 과다하게 축소하고, 전동차 정비 부적합자가 전동차 정 비업무 수행하는 것은 최근 발생하고 있는 도시철도공사 전동차 사고와 무관하다고 할 수 없다" 라고 강하게 질책했다. 박 의원은 ㈜도시철도엔지니어링이 책임의식을 갖고 동일한 사태가 재발하지 않도록 만전을 기하는 한편, 전동차 고장 등으로 시민이 불편을 겪지 않도록 도시철도공사는 100% 지분을 갖고 있는 자회사라 할지라도 관리감독을 더욱 철저하게 수행할 것을 촉구했다.

2013.11.21. 신아일보

박준희 시의원, 서울메트로, 철저한 에스컬레이터 안전점검 필요

서울메트로, 철저한 에스컬레이터 안전점검 필요박준희 시의원, 과학적인 안전점검 통해 사고예방 만전 기할 것 당부서울시의회 교통위원회 박준희 의원(민주당, 관악 제1선거구)은 서울시의회 제250회 정례회 기간 중 서울메트로에 대한 행정사무감사 자리에서 최근 3년간 발생한 에스컬레이터 사고가 안전점검을 받은 직후 발생한 점을 주목하고 에스컬레이터 점검을 과학적이고 체계적인 방법으로 추진할 것을 촉구하였다.

박준희 의원에 따르면 최근 3년간 서울메트로에서 발생한 지하철 역사 내 기계고장에 따른 에스컬레이터 사고는 지난해 7월 발생된 서울대입구역을 포함해 총 3건인 것으로 나타났다. 3대의 에스컬레이터는 사고가 발생하기 각각 4일, 6일, 35일 전에 안전점검을 받았으며, 각 에스컬레이터 사고는 주요 점검내역인 구동장치류, 스텝 등에서 발생한 것으로 밝혀졌다.

박준희 의원은 "서울메트로가 단순한 육안점검을 탈피하고 과학적인 점검을 위해 관련 장비를 구입하는 한편, 관련 직원 교육이 보다 철저하게 이뤄질 수 있도록 최선의 노력을 기울여 줄 것"을 요구하고, "에스컬레이터 유지보수 용역 계약시 철저한 사전점검이 이뤄질 수 있는 장비와 인력을 갖춘 업체와 용역계약을 체결함으로써 에스컬레이터 사고예방에 만전을 기해 줄 것"을 당부하였다.

2013/11/20 관악저널

경전철 신림선 및 서부선 연장 건설 확정 !!!

[**한강타임즈 안병욱 기자**] 서울특별시의회 교통위원회 박준희 의원(민주당, 관악1)은 최근 서울시가 발표한 경전철 건설사업 중 신림선과 서부선은 당초 계획보다 연장 건설되는 것으로 확정되고, 기존 난곡선1)은 그대로 유지됨에 따라 관악구 주민의 오랜 숙원이던 교통불편 개선과 함께 지역발전의 토대가 마련되었다고 밝혔다.

박 의원에 따르면 서울시는 『도시철도법』제3조의2(도시철도기본계획의 수립 등)에 따라 해당 주민 및 전문가 의견 수렴, 관련 기관 협의 등을 거쳐 지난 2008년에 "서울특별시 10개년 도시철도 기본계획"을 수립하여

• 박준희의 관악정情담

신림선(여의도-대방-보라매공원-신림동-서울대, 7.8km) 및 서부선(새절-명지대-연희-신촌-여의도-노량진-장승배기, 12.0km)을 포함한 7개 경전철 건설 계획을 발표한 바 있다.

그동안 관악구 지역주민들은 서울의 대표적인 교통낙후지역임에도 불구하고 특별한 교통개선 대책이 없는 상태에서 교통난과 지역미개발이라는 고통을 묵묵히 감내해 왔다.

이런 상황에서 지난 2008년 서울시가 신림선 경전철 건설계획을 발표함에 따라 관악구 주민들은 지역 교통난이 해결될 것으로 기대하여 경전철 건설계획 발표를 열렬히 환영하고, 신림선 경전철의 조기 착공을 기대해 왔다.

서울시의 경전철 건설계획 발표로 인해 그 동안 서울시의 대표적인 교통낙후지역임에도 별다른 대책이 없는 상태에서 교통난과 지역미개발이라는 고통을 묵묵히 감내해 온 지역주민들의 오랜 숙원이 해결될 것으로 기대하여 지역주민들은 경전철 건설계획 발표를 열렬히 환영하고, 신림선 경전철의 조기 착공을 기대해 왔다.

그러나 서울시가 『도시철도법 시행령』제1조의3(도시철도기본계획의 수립제출 등)에 의해 2008년에 수립된 기본계획에 대한 재정비 용역을 시행함에 따라 관악구를 포함한 경전철 건설 예정지에서는 경전철 건설 자체가 불투명해지는 것이 아닌가 하는 불안감이 있어 왔다.

하지만 최근 서울시가 발표한 자료에 따르면 당초에는 관악구를 지나는 경전철은 신림선과 난곡선2)이 있었으나 이번에는 서부선도 지하철 2호선 서울대입구역까지 연장되어 관악구를 지나는 것으로 발표됨으로써 관악구의 교통여건이 크게 개선되고, 지역발전의 기틀이 마련될 것으로 기대되고 있다.

각 노선을 세부적으로 살펴보면 신림선의 경우 기존에 여의도를 종점으로 하였으나 여의도 인근에서 연장되어 서부선과 연결되는 것으로 확정됐다. 또한 서울대학교에서 건설비 일부를 부담하면 신림선을 서울대학교 내부까지 연결하거나 장래여건 변화에 따라 서울대 앞에서 서울대 입구역까지 연결하는 방안도 검토할 계획인 것으로 발표됐다.

서부선의 경우에는 당초 동작구 장승배기를 종점으로 하였으나 이번에는 2호선 서울대입구역까지 연장되어 관악구를 지나게 됨으로써 당초 계획보다 훨씬 연장된 것으로 확정되었다.

특히, 과거에는 신림선과 서부선 경전철이 환승이 안됐었는데, 이번에는 여의도 인근에서 환승이 되고, 난곡선은 보라매공원 인근에서 신림선과 직결되어 여의도까지 연결되는 것으로 확정되는 등 관악구 지역은 경전철 노선도 늘어나고 경전철끼리 환승되는 것은 물론 기존 지하철과도 환승이 이뤄지면서 관악구 주민의 교통편의가 크게 증진될 것으로 기대되고 있다.

박 의원은 지난 2010년 지방선거에서 서울시의원에 당선된 이후 줄곧 교통위원회에서 의정활동을 하면서 지역구인 관악구의 교통개선 및 시설개선에 모든 역량을 기울여왔다. 특히 지난 해부터는 "경전철 민간투자사업 조속 추진 지원을 위한 특별위원회"에서도 활동하면서 신림선, 서부선, 난곡선의 경전철 계획 확정을 위해서도 지속적으로 노력해 왔다.

박 의원은 서울시가 관악구 교통개선에 크게 기여하는 방향으로 경전철 건설계획을 발표함으로써 지난 3년 동안 관악구 교통발전을 위해 노력한 성과가 이제야 빛을 보게 되었음을 밝히고, 금번 서울시의 경전철 건설 계획 발표는 관악구 교통발전 및 지역발전을 위한 밑거름이 될 것으로 기대하였다.

또한 경전철의 성공적 건설 및 안정적인 운영유지를 위해서는 향후에도 가야할 길이 많이 남아 있음을 밝히고, 서부선과 신림선 경전철이 조속히 완공됨으로써 실질적으로 관악구의 교통복지 증진과 함께 지역발전의 초석이 마련될 수 있도록 지속적으로 관심을 기울이고 지역주민의 민의를 수렴할 계획임을 밝혔다.

2013.07.25. 한강타임즈

2호선 신림~신대방역 철로 방음벽 설치공사

서울지하철 2호선 지상구간중의 하나인 신림역에서 신대방역까지 1.2km 철로에 방음벽이 설치되고, 내진보강작업도 진행됩니다.서울시 의회 교통위원회는 구간마다 거주지 구조물별로 환경에 맞도록 다양한 유형의 방음벽을 설치하기로 하고 151억원을 투입해 공사를 시작한다고 밝혔습니다.해당 구간에는 그동안 방음벽이 없어 지하철 운행에 따른 소음은 물론 도시미관을 해친다는 지적을 받아왔습니다.박준희 서울시의원은 "방음벽 설치로 소음도가 크게 개선되는 것으로 조사됐다" 면서 "3년간의 공사가 안전하게 마무리되도록 하겠다" 고 말했습니다.

2013-07-03 tbs

서울시의회 교통위원회 박준희 의원(민주통합당, 관악1)은 제240회 임시회 기간 중 지난 5일 도시교통본부 업무보고를 받는 자리에서 신림선을 비롯한 경전철 7개 노선에 대한 사업을 신속하게 추진할 것을 촉구했다.

박준희 의원에 따르면, 지난 2007년 6월 26일 도시교통본부는 도시철도 소외지역을 중심으로 신림선을 비롯한 7개 노선의 경전철을 건설하겠다고 발표했으나, 현재까지 2009년 착공한 우이~신설 경전철 노선을 제외한 나머지 6개 경전철 노선은 착공조차 되지 못하고 있어 약속을 지키지 않는 서울시에 대해 시민불만이 매우 커지고 있음을 지적했다.

박원순 서울시장이 지난 1월 서울연구소에 경전철 사업과 관련하여 각 노선의 타당성을 재검토하는 용역을 발주했으며, 용역결과에 따라 사업추진이 가능한 노선을 우선적으로 추진하겠다고 했으나, 박준희 의원은 그동안 우선협상대상자를 선정하고 주민공청회까지 개최함으로써 경전철 추진을 바라던 서울시민에게 큰 실망감과 허탈감을 안겨주고 있으며, 2012년 연말 용역결과와 내부 조정 등을 거치는 경우 2013년 상반기에나 사업시행 여부를 알 수 있다는 점에 대해서 도시교통본부의 안일한 교통정책 추진을 강하게 질책했다.

박준희 의원은 지금 시점에서 서울연구소에 경전철 사업 타당성 용역을 주고 그 용역 결과에 따라 노선의 우선순위를 재조정하겠다고 하는 것은 서울시가 경전철 사업실패의 책임을 면하기 위한 임시방편임을 지적하고, 박원순 시장이 서울시 경전철 사업에 대한 근본적인 결단을 내리고 그에 따라 서울시민에게 허심탄회하고도 진솔하게 경전철 사업에 대한 철학과 사업추진 여부를 밝혀 시민들로부터 공감대를 얻도록 해야 할 것이라고 지적했다.

또한, 여의도에서 신림역을 거쳐 서울대에 이르는 신림선과 새절역에서 여의도를 거쳐 장승배기에 이르는 서부선을 연결함으로써 지역발전은 물론 지하철 서비스 사각지대를 해소하고 대중교통 활성화에 기여할 수 있도록 경전철 사업을 조속히 추진할 것을 강력히 촉구했다.

2012-09-26 관악신문

박준희 市의원 "내년부터 개인택시도 카드단말기 통신비 지원"

서울시의회 예산결산특별위원회 박준희 위원장(민주당·관악1)은 내년부터 카드결제단말기 통신비 지원 대상을 개인택시사업자까지 확대하고 6000원이하 소액카드 결제시 결제 수수료를 지원한다고 26일 밝혔다.김 위원장에 따르면 예결특위가 서울시 택시카드결제단말기 통신비 지원 예산을 74억원에서 28억원 증액한 102억원이다. 택시 소액결제 카드수수료 지원 예산도 35억원에서 15억원 증액한 50억원으로 의결됐다.현재 서울시내에서 운행 중인 카드 단말기 설치 택시 7만422대 중 카드결제 단말기에 대한 통신비 월 5,000원은 법인택시 2만2795대에 한해 지원되고 있다.

2011-12-26 뉴시스

서울시의회 박준희 의원, "정비구역 직권해제 규정 명확히 해 혼란 축소"

-『서울특별시 도시 및 주거환경 정비조례 일부개정조례안』제268회 정례회에서 본회의 통과

서울시의회 박준희 의원(더불어민주당, 관악1)이 대표 발의한『서울특별시 도시 및 주거환경 정비조례』일부개정조례안이 27일 시의회 본회의에서 통과되었다.

이 개정조례안은 2016년 3월에 신설된 직권해제 관련 사항을 보완하려는 것으로 직권해제 요건 중 조합설립. 사업시행. 관리처분계획 인가 신청 인정 기준, 주민의견조사 대상의 통보 등을 명확히 규정하고, 도시 주거환경정비기금의 사용 대상 및 주택사업특별회계 세출에 조합 사용비용 보조를 추가하려는 것이다.

박준희 의원은 "정비구역 등 해제 여부를 놓고 지역사회의 갈등이 심화되고 있는데, 이 조례 개정을 통해 직권해제 관련 규정을 보다 명확히 하여 주민들의 직권해제에 대한 이해를 돕고 불필요한 지역사회의 갈등도 축소할 수 있을 것으로 기대한다." 며, "앞으로도 직권해제 시행 현황을 모니터링하며 해당 규정을 지속적으로 보완해 가겠다." 고 말했다.

참고로, 박준희 의원은 정비 사업에서 이주 및 철거와 관련하여 분쟁 당사자가 신청하면 구청장이 사전협의체를 구성·운영하도록 하는 내용으로 지난 6월 20일『서울특별시 도시 및 주거환경 정비조례』일부개정조례안을 발의했다.

2016.06.29. 일요신문

"남산 케이블카 독점문제 심각" 박준희 서울시의원
"市서 도움줬지만 공공기여 전무"

서울시의회 도시계획관리위원회 박준희 의원(새정치민주연합·관악1)은 24일 "남산 케이블카의 독점 문제를 해소해야 한다"고 지적했다.

박준희 의원에 따르면 지난 50년간 남산 케이블카 이용객은 1,700만명이며, 특히 최근 중국인 관광객이 급증하면서 2013년에만 102만7,000명이 이용하는 등 10년새 두 배가 넘게 이용객이 급증했다. 이에따라 케이블카 운영업체인 한국삭도공업이 연간 벌어들인 돈은 최근 3년간 평균 매출액 57억원에 순수익 25억5,000만원가량인 것으로 알려져 있다. 하지만 이 업체가 세금 외에 내고 있는 비용은 남산 정상부 승강장 부지 점용료(연간 3,000만원)에 불과하다.

박 의원은 "한국삭도공업은 1962년 면허를 받아 시설을 설치한 후 영업을 시작해 51년간 수익을 독점하고 있는 것"이라며 "서울시가 남산3호터널 측면에 남산오르미라는 경사형 엘리베이터를 설치해 케이블카로의 관광객 접근성 향상에 도움을 줬으나, 한국삭도공업의 공공기여는 거의 전무한 편" 이라고 지적했다.

또한 박 의원은 "1960년대 '삭도 면허' 를 받을 당시에 제도적 미비로 현재까지 갱신의무나 영업기한이 없어 정부와 시는 당혹감을 감추지 못하는 실정" 이라며 "문제는 2008년 남산 케이블카측이 신청한 삭도 면허 변경 허가를 서울시가 다시 내준 것으로 드러나 '부실 관리' 또는 유착 의혹이 의심되며, 더군다나 산림청 소유의 정상부 승강장 부지는 점용 허가 대상이 아니므로 케이블카 자체가 불법에 해당할 수 있다는 것" 이라고 문제를 제기했다.

박 의원은 "시는 케이블카 독점계약권에 대한 타당성, 계약 조건 변경을 포함해 다각적인 검토 방안을 강구해야 한다" 며 "시의회 차원에서도 여러 각도에서 해결 방안을 찾을 것" 이라고 밝혔다.

2014.12.24 17:52 시민일보

시의회, '도시개발 체비지관리조례 개정조례안' 본회의 재의결

서울시의회 박준희 · 이행자 의원이 공동발의한 조례개정안이 본회의를 통과함에 따라 집단정착용 체비지에 거주하는 소외된 계층의 주거복지를 강화시키는데 한 발 더 다가설 것으로 기대된다.

10일 서울시의회에 따르면 시의회는 전날 본회의를 열어 서울시가 재의

• 박준희의 관악정情담

요구한 '서울특별시 도시개발 체비지관리조례 일부개정조례안'을 재의 결했다.

철거민 집단정착지 문제는 지난 4월5일 관악구 청룡·은천 등 8개동 체비지에 거주하는 기초생활수급자, 독거노인 등 70여명이 최근 관악구가 부과한 변상금(평균 1,000만원)이 과도하여 변상금 부과조치의 철회를 요구하며 서울시장과의 면담을 요청한 사례가 있어 관련조례 개정에 관심이 집중된 바 있다.

특히, 같은 달 26일에는 체비지 문제를 해결하기 위해 관악구 주민대표들이 당시 서울시의회 허광태 의장 및 박준희 의원(민주통합당, 관악1)과의 면담을 통해 소외된 집단정착민에 대한 적극적인 주거지원정책의 실현을 요구하기도 했다.

이행자 의원(민주통합당, 관악3)은 "체비지에 거주하는 소외된 이웃들이 최소한의 주거생활을 유지할 수 있도록 대부요율을 기존 1,000분의 20에서 1,000분의 10으로 낮추는 안건이 본회의에서 재의결되어 체비지에 거주하는 주민들이 안정된 주거생활을 누릴 수 있을 것"이라고 밝혔다.

박준희 의원(민주통합당, 관악1)은 "체비지변상금 산정요율을 낮추어 집단정착촌 주민들의 주거복지 실현을 위한 상생협력의 기초가 될 것이며, 조례개정이 다른 지방자치단체에도 영향을 미쳐 소외계층에 대한 관심을 증대시키고 보편적 복지 정착에 기여할 것"고 말했다.

한편 이번 개정조례는 지난 4월 13일 박준희 의원이 발의해 5월 2일 본회의에서 의결되었으나, 서울시가 5월 22일 재의요구함에 따라 7월 9일 본회의에서 재의결된 것이다.

2012.07.10. 시민일보

집단정착용 체비지 대부요율과 변상금 인하 조례

- 박준희 · 이행자 의원 공동발의, 본회의서 의결

서울특별시의회는 5월 2일 본회의를 열어 박준희 · 이행자의원이 공동발의한 '서울특별시 도시개발 체비지관리조례 일부개정조례안'을 심사 의결했다. 이에 따라 집단정착용 체비지에 거주하는 소외된 계층의 주거복지를 강화시키는데 한 발짝 더 다가설 것으로 기대된다.

철거민 집단정착지 문제는 지난 4월 5일 관악구 청룡 · 은천 등 8개동 체비지에 거주하는 기초생활수급자, 독거노인 등 70여명이 최근 관악구가 부과한 변상금(평균 1,000만원)이 과도하여 변상금 부과조치의 철회를 요구하며 서울시장과의 면담을 요청한 사례가 있어 관련조례 개정에 관심이 집중되었다.

특히, 지난 4월 26일에는 체비지 문제를 해결하기 위해 관악구 주민대표들이 서울시의회 허광태 의장과 박준희 의원의 면담을 통해 소외된 집단정착민에 대한 적극적인 주거지원정책의 실현을 요구했다.

동 개정안을 공동발의한 이행자 의원(민주통합당, 관악3)은 "체비지에 거주하는 소외된 이웃들이 최소한의 주거생활을 유지할 수 있도록 대부요율을 기존 1,000분의 20에서 1,000분의 10으로 낮추는 안건이 본회의에서 통과되어 체비지에 거주하는 주민들이 안정된 주거생활을 누릴 수 있을 것"이라고 기대했다.

공동발의자 중 박준희 의원(민주통합당, 관악1)은 "체비지변상금 산정요율을 낮추어 집단정착촌 주민들의 주거복지 실현을 위한 상생협력의 기초가 될 것이며, 조례개정이 다른 지방자치단체에도 영향을 미쳐 소외계층에 대한 관심을 증대시키고 보편적 복지 정착에 기여할 것으로 본다"고 그 의미를 강조했다.

2012-05-09 관악신문

환경 분야

한강매점 운영사업자 모집 GS25, CU 등이 싹쓸이

막강한 자금력을 가진 대규모 유통기업 독식으로 영세상인들 설자리…

지난 4월 13일 서울시 한강공원 매점 10개소에 대한 운영사업자 모집결과 예정가의 3배에 달하는 입찰가를 써낸 유통 대기업 GS25, CU가 8곳을 싹쓸이 한 것으로 나타났다고 최근공시를 통해 밝혔다.

서울시는 한강공원매점 운영자 모집공고시 권역별로 2개소 단위로 묶어서 입찰을 진행하고, 선정된 사업자가 독자적인 간판을 사용할 수 없도록 하는 등 영세상인들을 적극적인 참여를 유도하였지만, 자금력을 앞세운 대기업의 싹쓸이라는 최악의 결과가 나타났다. 서울시는 기존 사업자와의 계약이 만료된 10곳의 매점을 6월초에 재개장하기 위해 개보수를 추진하고 있는데, 이에 앞서 매점운영사업자를 선정하기 위한 절차를 진행하여 왔다. 현행 '공유재산 및 물품관리법' 에 따르면 사용수익을 허가하려면 일반입찰로 하여야 하며, 최고가격으로 응찰한 자를 낙찰자로 하도록 되어 있다. 이 방식은 응찰자들의 공정한 가격경쟁을 유도하고 세수를 극대화 할 수 있다는 점과 특혜시비로부터 자유로울 수 있다는 이유로 시행되고 있다.

최고가 입찰의 문제점 고스란히 드러나, 법제도 개선해야

박준희 위원장은 "당초 우려했던 결과가 나타난 것에 경악할 따름이다. 영세상인의 생존권이 달린 문제를 행정편의에 의해 가격경쟁에만 맡겨 대규모 유통기업들이 한강매점까지도 독차지하게 되는 최악의 결과를 초래하고 말았다" 면서 안타까움을 나타냈다.

박준희 위원장은 "최고가 낙찰제는 부실한 사업자가 무리한 액수를 써서 낙찰될 경우 바가지 요금 등 시민들에 대한 서비스의 질이 낮아질 우려가 있고, 이번 경우와 같이 자금력을 앞세운 대기업이 높은 가격으로 입찰에 참여한다면 영세상인들은 설자리가 없어 사지로 내몰릴 수 밖에 없다는 점" 에서 문제점을 개선하기 위해 법률개정을 추진할 것이라고 밝혔다.

2017.04.18. 데일리환경

• 박준희의 관악정情담

서울시의회 박준희 의원, 승용차요일제 및 승용차마일리지 관련 규정 정비로 원활한 업무추진 및 시민참여 확대 기대

승용차마일리지 대상차량 확대 및 인센티브 지급 산정기준 완화

서울시의회 환경수자원위원회 박준희 위원장(더불어민주당, 관악1)이 대표발의한 〈서울특별시 승용차요일제 및 승용차마일리지 지원에 관한 조례 일부개정조례안〉이 2월 20일 제272회 임시회 상임위원회 회의에서 의결되었다.

승용차요일제 및 승용차마일리지는 시민의 자율적 참여를 유도하여 도시교통의 원활한 소통과 온실가스 및 대기오염물질의 감축에 기여할 목적으로 시행되고 있는 제도이다.

박준희 위원장은 "승용차요일제 인센티브 규정을 명확히 하여 원활한 업무추진과 참여 시민의 불편을 줄이는 한편 금년부터 본격적으로 시행되는 승용차마일리지가 실질적으로 자동차 운행감축에 기여할 수 있도록 관련 규정을 정비할 필요성이 있어 본 조례안을 발의했다" 고 말했다.

본 조례안에서는 평소 주행거리가 많은 시민들의 참여를 유도하기 위해 승용차마일리지 인센티브 산정기준에 주행거리 감축량을 추가하고, 실제 승용차처럼 이용되고 있으나 대기오염물질을 상대적으로 많이 배출하고 있는 비사업용 12인승 이하 승합차도 승용차마일리지에 참여할 수 있도록 적용대상을 확대하며, 승용차마일리지 참여자가 고의 등 부정한

방법으로 인센티브를 제공받은 경우 탈퇴처리하거나 제공된 인센티브를 환수할 수 있는 근거 규정을 마련하였다.

또한, 승용차요일제 인센티브 관련 규정을 명확히 하고, 승용차요일제 인센티브 중 교통유발부담금 감면을 위해 필요한 이행 기준 및 이행실태 점검에 관한 규정을 신설하였다.

박준희 위원장은 "초미세먼지 등 대기오염물질은 시민 건강을 위협하고 있고 이러한 대기오염물질의 상당량이 교통부문에서 발생하고 있다"고 말하고, "실질적인 자동차 운행량 감축으로 대기오염물질 발생을 저감할 수 있도록 승용차요일제와 승용차마일리지가 상호 보완하여 원활히 추진되기를 기대한다"고 말하면서 적극적인 홍보와 함께 시민들의 관심과 참여를 당부하였다.

2017.2.21. 경인투데이뉴스

380억원의 콘크리트 화분 서울역고가, 도시재생 의미를 되새겨 봐야

환경수자원위원회 '서울역 7017 프로젝트 건설현장' 방문

서울시정일보 이현범기자| 제270회 임시회 기간 중인 2016년 9월 1일 서울시의회 환경수자원위원회(위원장 박준희)에서는 내년 5월 완공 목표

인 서울역 고가 공사현장을 방문하고 현장을 점검하였다. 이날 현장에서 김영재 감리단장으로부터 공사계획과 추진현황에 대한 보고를 받고 향후 운영관리를 맡게될 푸른도시국의 운영준비 현황을 보고 받았다. 보고 후 최웅식위원은 그늘막 하나 없는 고가는 여름철 이용이 불가능할 것이며, 4계절 이용을 위해서는 다각적인 보완이 필요할 것이라고 지적하였으며, 최영수위원은 수목원형태라고는 하지만 거대한 콘크리트 화분을 배치하는 것에 불과한 현재 상태로 연간 이용객을 437만명으로 예측하고, 교량 686m에 6개의 카페와 기념품점을 계획한 것은 이용자 요구를 반영하지 못한 무리한 계획이 아닌지 재고를 요청하였다.

또한 위원들은 서울역고가 7017 프로젝트가 국제 현상설계라는 점을 강조하고 있지만, 오히려 국제공모작이기에 시민의 요구나 지역특성이 충분히 반영되지 못했기에 380억을 쏟아 붓고도 시민과 관광객에게 외면 받을 수 있음을 지적하였다. 특히 박준희위원장은 서울역고가 7017 프로젝트는 계획(도시재생본부), 공사시행(안전총괄본부, 도시기반시설본부), 운영관리(푸른도시국)를 구분하여 진행하고 있으나, 담당부서가 다름으로 인해 예산낭비 및 향후 책임소재 문제가 발생된 사례가 다수 있었던 만큼 부서간의 보다 긴밀한 협의를 요청하였다.

2016.9.3. 서울시정일보

급수설비의 위생상 조치에 대한 철저한 관리 · 감독을

박준희 의원, 서울시민의 건강증진에 이바지

서울특별시의회 도시계획관리위원회 박준희 의원(새정치민주연합, 관악 제1선거구)은 급수설비의 소독 및 세척 등 위생상의 조치를 조례에 재규 정하여 이에 대한 관리감독을 철저히 하게 함으로써 서울시민의 건강증 진에 이바지 하고자『서울특별시 수도조례 일부개정조례안』을 발의했다.

박준희 의원에 따르면 현행「수도법」및 시행령에서 정하는 종류와 규모 에 해당하는 건축물 또는 시설의 소유자나 관리자는 소독 등 위생조치, 세척 등 조치 등 위생상의 조치를 하여야 하지만, 정작 이와 같은 위생상 의 조치 이행 및 관리 · 감독이 미흡한 실정이다.

현행「수도법」에서는 대형건축물 등의 소독 등 위생조치에 대하여 규정 하고 있으나 조례는 이를 반영하지 않고 있음에 따라 실제 현장에서 관 리 · 감독을 하는 서울시가 이를 간과하는 경우가 비일비재 했다.

또한 개정조례안에서는 소형건축물의 청소 등 위생조치에 대하여 서울 시가 건축물 또는 시설의 소유자나 관리자가 청소 등 위생조치를 제대로 하는지 지도 · 감독을 철저하게 하도록 시장의 책무를 강화했다.

특히, 급수관의 상태검사 및 세척 등 조치를 해야 하는 건축물 또는 시설 을 조례에 규정함으로써 해당 건축물 또는 시설의 소유자나 관리자의 의 무를 명확하게 표현하도록 했다.

박준희 의원은 "급수설비의 위생상 조치에 대한 관리 · 감독을 철저하게 하는 것을 시장의 책무 중 하나로 규정함으로써 서울시민들에게 보다 깨 끗한 수돗물이 공급될 수 있도록 할 수 있는 기회가 마련될 것"으로 기대 했다.

이와 함께 서울시가 최고의 설비를 통해 최고의 품질을 갖춘 수돗물을

· 박준희의 관악정^情담

제공함으로써 서울시민의 건강증진에 이바지할 수 있도록 지속적인 관심을 갖고 최선의 노력을 다할 것을 약속했다.

2014년 09월 05일(금) 성광일보

복지 분야

서울시의회 박준희 의원, 반값 장례식장 도입과 서울지하철 양사 통합 중단 촉구

공공병원에서 장례식장을 직영할 경우 재정건전성 확보 뿐 아니라 시설 이용요금 인하까지도 가능한 일석이조의 효과를 거둘 수 있다.

서울특별시의회 도시계획관리위원회 소속 박준희 의원은 4월 21일 개최된 제267회 임시회 제3차 본회의 시정 질문에서 서울시 산하 시립병원 장례식장 운영 실태와 위탁운영상 문제점을 지적하고, 장례식장 운영방식의 전면 재검토와 "(가칭)반값 장례식장" 도입을 강력히 촉구했다.

이와함께 최근 노조의 반대로 통합이 무산된 바 있는 서울매트로와 서울도시철도 양 기관의 통합을 적극 추진해 줄 것을 요구했다.

박준희 의원은 "공공병원 장례식장의 문제는 그동안 국정감사와 행정사무감사에서 꾸준히 지적되어 왔음에도 불구하고, 여전히 해결되지 않고 있다"고 지적하며, 의료서비스로 수익을 내기 어려운 공공병원에서 장례식장을 직영할 경우 재정건전성 확보 뿐 아니라 시설이용요금 인하까지도 가능한 일석이조의 효과를 거둘 수 있음을 강조했다.

박의원에 따르면 현재 서울시 산하 총 13개의 공공병원(시립병원) 중 장례식장을 둔 병원은 5개소로, 운영방식(직영/위탁운영) 별 수익률을 분석한 결과, 직영의 경우 낮은 이용료에도 불구하고 수익률은 위탁운영에 비해 약 7배까지 높은 것으로 나타났으며, 서울의료원 본원처럼 장례식장을 직영할 경우, 사회취약계층(기초생활수급자 등)에 대한 이용료 면제·감면 외에도 수익의 선순환으로 인한 의료서비스의 질적·양적 향상도 가능한 것으로 분석되었다.

특히 불투명한 위탁업체 선정방식이 문제점으로 지적되었는데, 단체나 업체가 아닌 개인에게 운영권을 위탁(서북병원)하거나 경쟁입찰이 아닌 수의계약을 통해 위탁업체를 선정(동부병원)하고, 특히 보라매 병원의 경우 "대한민국 상이군경회 신생특별지회*"에 32년간 독점운영권을 보장하고 있다는 사실도 밝혀진 만큼 위탁업체 선정방식을 포함한 전면적 제도개선과 실태점검이 시급한 것으로 밝혀졌다.

 * 대한민국 상이군경회 신생특별지회'의 경우 '대한민국 상이군경회 본회'가 인정할 수 없다고 하여 법적소송까지 진행 중인 단체로 알려져 있음.

박준희 의원은 "정체불명의 단체에게 위탁을 맡기거나 천차만별인 장례식장 이용요금으로 민원이 끊이지 않는 상황에서, 부대시설을 제외한 장

・ **박준희**의 관악정補담

례식장 만큼은 직영으로 전환해서 재정건전성을 높이고 이를 선순환 함으로써 이용요금을 낮춘 반값 장례식장을 적극 도입해 줄 것"을 박원순 시장에게 강력히 촉구했다.

서울시의 경우, 과도한 대학 학비가 사회 문제로 대두되던 지난 2012년 시립대에 반값 등록금을 국내최초로 도입하여 전국적으로 많은 반향을 일으킨 바 있는데, 반값 등록금에 이어 반값 장례식장이 도입 될 경우 좋은 정책적 선례가 되어 타 지자체나 민간병원이 운영하는 장례식장에도 긍정적 파급효과를 줄 수 있을 것으로 예상된다.

이어진 시정질문에서 박의원은 부채증가 등으로 어려움을 겪고 있는 "서울매트로와 서울도시철도간 통합혁신"도 주문하였는데, 최근 노조원 반발로 기관 통합이 무산된 것은 대화와 타협이 부족했기 때문이라며 지하철노조가 재투표 가능성에 대한 법률검토까지 마친 상황임을 감안할 때 재협상의 여지는 충분하다고 주장하였다.

또한 "버스 준공영제 이후, 서울시 대중교통체계를 새롭게 재구축하는 시발점이 된다는 측면에서 서울지하철 통합은 대단히 중요하다"며 서울시의 강력한 의지로 양사의 통합을 반드시 이루어 냄으로써 조직 이원화에 따른 비효율성을 극복하고, 보다 안전하고 쾌적한 천만시민의 발을 만들어 달라고 촉구했다.

2016.4.22. 전국뉴스

서울시의회 박준희 의원, 市공무원, 영세한 소공인
돕기는커녕 '갑(甲)질' 성수동 수제화 특화사업 관련

박준희 서울시의원, 의혹에 대한 조속한 감사 촉구

[서울시정일보 장영기기자] 박준희 서울특별시의원은 2일 성수동 수제화 특화 사업을 지목해 "소상공인의 어려움을 발 벗고 나서야 할 공무원이 우월적 지위를 악용해 소상공인 육성 예산을 자의적으로 사용한 의혹이 있다"고 주장했다.

성수동 수제화 산업은 한 때 국내 수제화의 70%를 담당했지만 경기침체, 하청 물량 감소, 전문인력 고령화, 중국 저가품 공세 등으로 침체되었다. 영세 소공인들은 위기 탈출의 방법으로 2012년 성수동수제화협동조합을 만들고 공동브랜드를 추진해 현재의 명성을 얻었다.

현재 515개(제조업체 384개, 원‥부자재 유통 등 관련 업종 111개) 업체에, 약 3천5백여 명이 종사하고 있다. 이들 중 10인 미만이 64%이고, 개인사업자는 77.8%으로 영세하다.

박원순 서울시장은 성수동 수제화 산업 지원을 위해 2012년부터 '소공인특화지원센터'를 설립하고 5천만 원을 지원하기 시작했다. 2013년 중소기업청 시범사업에도 선정돼 총 5억840만원을 지원 받았고, 2014년에는 3억3,850만원을 지원 받았다. 이 사업의 주관기관은 성동제화협회이고, 협력기관은 서울시 경제정책과 특화지원팀 · 성동구청 지역경제과 기업활성화팀이다.

박준희 서울시의원이 제보 받은 바에 따르면, 협력기관이었던 성동구청 지역경제과 기업활성화팀 공무원(팀장급)은 2013년 11월경 소공인특화 지원센터측에 사업비 관련 카드(KEB YES CHECK 법인카드) 제공을 요구했고, 약 한 달간(2013. 11. 18~12. 16) 수백만원을 사용했다.

이번 건은 단순한 접대 차원을 넘어 해당 업무를 담당하는 팀장이 직접 체크카드를 요구했다는 점, 업무와 예산 사용 사이의 인과관계가 미흡하다는 점, 협력기관인 성동구청이 소공인 예산을 자의적으로 사용했다는 점에서 더 큰 충격을 주고 있다.

서울시는 지난해 10월 단 돈 1천원만 받아도 해임·파면 등 중징계를 하겠다는 '서울시 공직사회 혁신대책(일명 박원순법)'을 발표했다. 실제 지난해 10월 민간업체로부터 현금 30만원을 받은 팀장급 공무원(5급)을 즉각 직위해제했다.
참고로 성동구청 지역경제과 기업활성화팀은 성수동 수제화 소공인특화 지원센터와 같은 건물에 입주해 있다.

박준희 서울시의원은 "주관기관인 성동제화협회가 정부 예산 지원이 생소하다 보니 공무원의 요구를 감독기관의 요구로 생각해 부득이하게 카드를 발급해 준 것"이라며 "수제화 소공인들에게 돌아가야 할 혈세를 자의적으로 사용한 것은 용납할 수 없는 일"이라고 비난했다.

박준희 시의원은 "서울시 감사담당관실을 포함한 감사 관련 부서에 확인한 결과, 서울시는 이 비위 사실을 인지조차 하지 못하고 있다"며 "서울시가 즉각 나서 감사를 실시해 진상을 규명하고, 의혹이 사실로 드러나면 책임자를 엄중 문책하고 관리감독 책임도 물어야 한다"고 요구했다.

2015.04.06. 서울시정일보

독거노인에 대한 방문 요양서비스 길 열리나

박준희 시의원, 노인복지 기본조례 개정안 발의

독거노인에 대한 방문 요양서비스 길 열리나박준희 시의원, 노인복지 기본조례 개정안 발의

서울시의회 도시계획관리위원회 박준희 위원(새정치민주연합, 관악 제1선거구)은 서울시장이 홀로 사는 독거 노인에 대해서도 방문 요양서비스 등의 서비스와 안전 확인 등의 보호조치를 취하도록 함으로써 독거노인의 고독사를 방지할 수 있도록 하는 조례 개정안을 발의했다.

박준희 의원은 "최근에 홀로 사는 독거노인들이 외로움과 병환으로 인해 사망하더라도 혼자 살기 때문에 시신이 수개월 이후에 발견되는 안타까운 사태가 발생하고 있다"며, "독거노인에 대한 체계적인 보호와 안전 확인에 필수적인 방문요양 서비스 시행을 위한 제도적 기반이 시급히 마련되어야 한다"고 「서울특별시 고령친화도시 구현을 위한 노인복지 기본조례 일부개정조례안」발의 취지를 설명했다.

박 의원은 "지난 6 · 4 지방선거 운동 기간에 관악구 관내 곳곳을 둘러보
고 독거노인의 어려움을 직접 겪으면서 시의원에 당선되면 독거노인에
대한 사회안전망 확충을 위해 노력하겠다는 약속을 실현하기 위해 이번
개정조례안을 발의하게 되었다"고 밝혔다.

2014.9.15. 관악저널

수상 실적

서울시의회,박준희 의원, 2016 전국지방의회 친환경
최우수 광역의원 선정

박준희 서울특별시의회 환경수자원위원장(더불어민주당, 관악1)은 11월
29일 (사) 한국환경정보연구센터가 주관한 "2016 전국지방의회 친환경
최우수 광역의원"으로 선정됐다.

박 위원장은 남산 케이블카 조사특위 위원장으로써 남산케이블카 운영
기업의 사회적기여(CSR) 확대를 요구하는 한편, 남산의 환경파괴를 방
지하기 위한 제2의 곤돌라 신설을 저지한 바 있다.

제9대 서울시의회 환경수자원위원회 위원장으로서는 서울의 대기질 개선, 7017서울역 고가도로 공원화, 서울에너지공사 설립, 2020년 장기미집행 공원용지보상 일몰제에 대비하여 공원분야예산을 최대한 확보할 수 있도록 노력하고, 또한 에코마일리지, 승용차마일리지, 미니태양광 설치 등 시민참여형 환경정책 확대를 통해 기후변화대응도시를 만드는 데 일조하고 있다는 것을 인정받았다.

박 위원장은 "초심을 잃지 않고 시민의 편익을 위해 노력하고, 단순한 견제와 균형이 아닌 정책 대안을 제시할 수 있는 의정활동에 최선을 다하겠다" 고 수상소감을 밝혔다.

한편 "전국지방의회 친환경 최우수 광역의원" 은 (사)한국환경정보연구센터가 2013년부터 엄격한 선정기준을 적용하여 발표하고 있는데, 2016년도의 경우 서울시의회에서는 박준희 위원장을 비롯한 6명이 선정됐다.

2016-11-30 세계타임즈

서울시의회 박준희의원 '지자체 의정 대상' 수상

박준희 서울시의원(오른쪽)이 7일 열린 '2016 베스트 의정대상 및 소비자 선호브랜드 대상' 시상식에서 지자체 의정대상부문 대상을 수상하고 있다.

• 박준희의 관악정書담

서울시의회 박준희 의원(더불어민주당 · 관악1)은 지난 7일 국회 헌정기념관에서 개최된 2016 "대한민국 제19대 국회 베스트 의정대상 및 대한민국 소비자 선호 브랜드 대상" 시상식에서 지자체 의정대상 부문 '대상'을 수상했다.

대한민국 소비자 선호 브랜드 대상 선정위원회와 한국소비자권리증진연대포럼 연합매일신문이 주최한 이번 시상식에서는 의정활동성과를 기준으로 선정된 3명의 서울특별시의원이 대상을 수상했다.

박준희 의원은 그 동안 모범적이며 활발한 의정활동의 공로가 인정돼 의정대상을 수상하는 영예를 안았다.

박 의원은 제8대, 제9대 서울시의원으로서 남산케이블카 운영사업 독점운영 및 인 · 허가 특혜의혹 규명을 위한 행정사무조사 특별위원회 위원장, 청년발전 특별위원회 위원, 서울시설관리공단 이사장후보자 인사청문 특별위원회 위원 등을 역임하였으며 현재 도시계획관리위원회 위원으로 활동하고 있다.

특히, 남산 케이블카 독점운영 및 특혜의혹 조사를 통해 54년간 공공기여도 없이 공공재를 독점 운영해온 문제점을 밝혀냈으며, 제267회 임시회 시정 질문에서는 시립병원 장례식장의 구조 개선을 통한 대시민 서비스의 질적 향상과 더불어 반값 장례식장의 도입을 시장에게 강력하게 요구하기도 했다.

박 의원은 "시민의 삶을 살피는 것을 최우선으로 생각하며 의정활동을 해오고 있다"면서 "서울시의 발전과 1천만 시민의 복리증진을 위해 최선을 다하겠다"고 말했다. 덧붙여 "이번 시상식을 통해 서울시를 세계적인 브랜드 도시로 만들어나가는데 앞장서겠다."고 말했다.

2016.6.8. 서울신문

박준희 서울시의회 예결위원장 의정대상(광역의원 부문) 수상전국지역신문협회 주최 "지역신문의 날" 기념식에서 수상

서울특별시의회 예산결산특별위원회 위원장 박준희 의원(민주통합당, 관악1)은 전국지역신문협의회가 주최한 "지역신문의 날" 기념식에서 지난 2년간의 의정활동을 인정받아 "의정대상(광역의원 부문)"을 수상하였다.

박준희 예결위원장은 관악구 신림동 소재 집단정착용 체비지 문제를 해소하고자 관련 조례를 개정하는 등 지역주민의 민원에 발벗고 나서는 그야말로 지역의 듬직한 일꾼으로 인정받고 있다.

특히, 시의회 관계자에 따르면 박준희 의원은 2012년도 예산심사시 연간30조에 이르는 서울시와 교육청의 예산에 대해 재정건전성 확보, 사회적약자에 대한 배려, 보편적 복지의 증대, 교육현장의 예산부족 등의 문제를 해소하고자 노력하고, 서울시와 서울시교육청이 협력할 수 있는 방

・**박준희**의 관악정情담

안을 모색하는 등 시민의 대표인 시의원으로서 의무와 책임에 충실한 의원으로 평가되는 것으로 전해진다.

또한 서울시의회 교통위원이기도 한 박준희 의원은 한국스마트카드에 대한 행정사무감사실시, 카드결제 택시에 대한 수수료 지원, 교통약자 편익시설 확충 등 교통행정분야에 있어 시민의 편의를 증대시키고자 지속적으로 노력하는 것으로 평가되고 있다.

박준희 의원은 "시의원으로서 그리고 관악구 주민으로서 주어진 소명에 소신껏 일하였을 뿐" 이라고 수상소감을 밝히고, 의정대상을 수여해 주신 것은 더욱 시민에게 봉사하라는 말씀으로 알겠다고 말하였다.

6월 27일 한국프레스센터에서 이날 기념식은 각 지역신문이 지역현안해소를 위해 적극적으로 노력하는 지역의 숨은 일꾼을 발굴하여 자체심사를 거쳐 각 분야별로 수상자를 결정한 것이다.

2012.06.27. 대한뉴스

완도에서 어린 시절을 보낼 때만 하더라도 내가 서울에 올라와 정치를 하리라고는 생각하지 못했다. 학교에서 반장을 하고 학생회장을 할 때도 그것이 내 인생에 큰 도움이 될 것이라고는 상상도 못했다. 지금 생각해보면 고향인 완도는 섬이지만, 넓고 푸른 바다를 보며 호연지기를 키운 곳이었으며, 완도에서의 학창시절은 학우들과 유대관계를 통해 사회성과 리더십을 익힌 소중한 시간이었다.

대학진학을 하면서 서울에 왔지만, 형편이 넉넉지 않아 싼방을 구하기 위해 서울시내를 전전하다 들어오게 된 곳이 관악이었다. 나는 여기서 결혼을 했고, 아이를 낳아 키웠고, 정치를 시작했다. 싼 방 찾아 들어 온 곳이었기에 내 이웃들은 가난했고, 난 그들과 함께 생활하면서 자연스럽게 봉천동 달동네 생활에 익숙해졌다. 봉천동 재개발 당시 내가 철거민들과 끝까지 함께 할 수 있었던 것은 바로 그들과 함께 했던 시간이 있었기 때문이다.

1987년 정치활동을 시작할 때부터 나는 생활밀착형 정치를 지향해 왔다. 덕분에 나는 1998년 구민들의 지지를 받으며 구의원이 되었고, 재선을 하면서 8년간 관악구의원으로 의정활동을 했다. 이 시절 나는 우리 아이들이 어렸기 때문에 어린 아이들의 육아와 교육에 관심이 있었다. 아이 키우기 좋은 관악을 만들겠다고 생각한 것도 이즈음의 일이다.

그리고 그 당시에 이미 노인문제가 향후 매우 큰 사회적 문제가 될 것이라고 예견하고 있었기에 독거노인을 위한 정책이 필요하다는 것을 자신 있게 피력할 수 있었다. 나는 사회적 약자들이 차별받지 않는 사회를 만들고 싶었기에 어린이와 노인 그리고 장애인에 대해서는 누구보다도 열심히 정책을 제안하고 그것을 실현시키려고 노력해 왔다. 바로 그런 노력의 과정과 결과를 《관악정(情)담》에 담았다.

2010년 시의원 당선은 나의 정치활동에 있어서 또 한 번의 전환점 이었다 당시 나는 서민일자리를 확실히 살리고, 교통·주거환경을 멋지게 만들겠다는 약속을 했다. 실제로 관악구의 숙원사업을 해결하기 위해 나는 꼬박 4년을 교통위원회에서 활동하며 경전철 사업이 원활하게 진행될 수 있도록 뛰어다녔다. 그 덕분에 신림선 경전철의 기공식에 참석할 수 있었고, 서부선도 최근 사업제안서가 서울시에 제출되면서 사업에 청신호가 켜진 것을 보았다. 또한 봉천사거리에서 서울대입구역 사거리의 상습정체를 해소하기 위해 추진했던 강남순환고속도로도 지난해 7월 개통되어 의정활동에 대한 큰 자부심을 가지게 되었다.

2014년 나는 재선 시의원이 되었다. 구의원 8년 시의원 4년의 경험으로 좀 더 노련한 의정활동을 할 수 있었다. 예산결산특별위원회 위원장을 거친 덕분에 예산에 대한 이해의 폭도 훨씬 넓어졌고, 서울시의 조직 구조를 알게 되니 정책을 제안하는 것과 제도를 개선하는 방법에 보다 합리적으로 접근할 수 있었다.

도시계획관리위원회를 거쳐 현재 환경수자원위원회의 위원장을 맡고 있는데 시의원으로 교통과 도시계획 그리고 환경 분야를 경험하게 된 것은 개인적으로 엄청난 행운이었다. 이들 분야는 매우 정교하게 연결되어 있어 이 분야에서의 의정활동이 얼마나 값진 것이었는지 여기서 다 이야기할 수는 없지만, 소중하고 값진 경험을 《관악정(情)담》에 일부라도 담을 수 있는 것이 너무도 감사하다.

이 책을 내기까지는 많은 고민이 있었다. 《관악정(情)담》이라는 제목을 정했을 때도 "시의원으로 이렇게 관악에 집중한 내용 일색의 책을 만드는 것이 바람직한 것일까?" 하는 고민도 했다. 그래서 책의 일부에는 관악구민 뿐 만 아니라 대한민국 국민들과 공유해야 하는 문제도 다루고 있다. 하지만, 지금까지 나는 지역의 심부름꾼을 자처하며 작은 목소리에도 귀 기울여 왔기 때문에 소소한 일도 꼼꼼하게 해 온 관악에서의 이야기를 담고 싶었고, 16년간의 의정활동을 돌아보며 지방자치에 걸 맞는 관악의 비전도 보여주고 싶었다.

이 책은 완성본이 아니다. 관악에서 의정활동을 해온 박준희가 자치행정의 길을 찾아가는 과정을 담았다. 《관악정(情)담》은 진행형으로 지속적으로 관악의 비전을 완성해가는 모습을 담을 예정이다.

여러분과 동고동락해 온 박준희는 앞으로도 여러분과 함께 살기 좋은 관악 만들기를 위해 열과 성을 다할 것이다.

박준희의 관악정情담

초판 1쇄 인쇄 2017년 10월 20일
1쇄 발행 2017년 10월 25일

지은이   박준희
발행인   이용길
발행처   모아북스
         MOABOOKS

관리   양성인
디자인   이룸

출판등록번호 제 10-1857호
등록일자   1999. 11. 15
등록된 곳   경기도 고양시 일산동구 호수로(백석동) 358-25 동문타워 2차 519호
대표 전화   0505-627-9784
팩스   031-902-5236
홈페이지   www.moabooks.com
이메일   moabooks@hanmail.net
ISBN   979-11-5849-056-0   03340

모아북스 는 독자 여러분의 다양한 원고를 기다리고 있습니다.
MOABOOKS
(보내실 곳 : moabooks@hanmail.net)